한 땀 한 땀

시詩가 전하는 말

Dear
_____ 님 惠存

Sine

문학고을시선 · 28

한 땀 한 땀 시詩가 전하는 말

초판 1쇄 발행 | 2025년 6월 17일

저 자 | 전대진

펴 낸 곳 | 도서출판 문학고을
펴 낸 이 | 조진희
편 집 자 | 조현민
주소 | 경기도 부천시 오정구 성곡로 16번길 7, 901호
서울사무실 | 서울시 강남구 학동로38길 38 (논현동) 204호
전화 | 02-540-3837
이메일 | narin2115@naver.com
등록 | 제2020-111176호

ISBN 979-11-92635-32-3 03810
정가 12,000원

ⓒ 전대진, 2025

* 이 책의 판권은 지은이와 도서출판 문학고을에 있습니다.
* 잘못된 책은 구입처에서 교환해 드립니다.

한 땀 한 땀

시詩가 전하는 말

윤슬 전대진 처녀작

45년 침묵의 그 소리 오늘을 깨우다

| ❖ 지은이의 말 |

어언 45년, 문학 소년이라 불리며 그렇게 문학을 꿈꾸며 살았던 천진스런한 소년

구슬치며 풀피리 꺾어 불던 해맑고 꿈 많았던 소년

작은 가슴에 온 세상을 모두 모두어 껴안고 싶어 했던 소년이 온다.

듣기만 해도 가슴을 설레게 하는 청춘을 한가득 깃들이고 하늘 향해 두 팔 벌린 저 푸르름 청송같이 조국을 온몸으로 포옹하고 싶어 했던 청년이 온다.

지금 이 순간 여기 우주를 노래하고 싶어 하는 꽃중년이 있다.

삶 자체가 시이고 싶어 하는 꽃중년

작은 가슴으로 온 세상을 다 껴안고 싶어 했던 소년

조국을 온몸으로 포옹하고 싶어 했던 청년

이젠 삶 자체가 시詩이고 싶은 꽃중년인 내가, 그 옛적 소년이 껴안고 싶어 했던 온 세상을, 청년이 온몸으로 포옹하고 싶어 했던 조국을 노래하

려 한다.

시작詩作의 나래를 마음껏 펼칠 수 있도록 놀이터가 되어준 사랑하는 어른 아이 엄마, 첫사랑 아내 그리고 수많은 가족들, 우주 공간 속 함께 유有하는 모든 것들에 감사드린다.

45년 침묵의 그 소리가 오늘을 깨울 수 있도록 커다란 불씨가 되어 버린 노벨 문학상의 주인공 작가 한강 님을 떠올리며 무한한 자긍심을 느낀다.

나의 시작의 씨앗이 움틀 수 있도록 텃밭이 되어준 문단 문학고을에 뜨거운 감사를 드린다.

부디 한 땀 한 땀 혼신의 힘을 기울인 나의 시작이 밤을 밝히는 달빛이 되고 낮을 밝히는 햇빛이 되어 독자 한 분 한 분의 가슴속 심장에 주파수를 맞추고 깊이깊이 잔잔히 스며들어 꿈이 되고 희망이 되어 함께 공명共鳴할 수 있기를 간절히 소망해 본다.

2025년 4월
처녀작 출간을 목전에 두고 기대와 설렘으로 나대는 심장 애써 움켜잡고
작가(시인) 윤슬 전대진 올림

| 목차 |

| 4 | | ➼ 지은이의 말 | |

10	▐ 하나	➼ 시작과 끝
12	▐ 둘	➼ 글이 춤을 춘다
14	▐ 셋	➼ 어른 아이
16	▐ 넷	➼ 아내여
18	▐ 다섯	➼ 푸른 제복 너의 의미
20	▐ 여섯	➼ 훨훨 다시 날자 KOREA 대한민국
24	▐ 일곱	➼ 광음아 멈추어 다오
26	▐ 여덟	➼ 삼매경三昧境에 빠지다
28	▐ 아홉	➼ 필연必然
30	▐ 열	➼ 그날 그 함성 오늘을 깨우다
34	▐ 열하나	➼ 할미꽃
36	▐ 열둘	➼ 눈 감으면 보이고 들리고 느껴지는 선명한 것들
38	▐ 열셋	➼ 이별 속 사라져 가는 것들의 그리움
40	▐ 열넷	➼ 양치기 소년
42	▐ 열다섯	➼ 재래시장 사람들
44	▐ 열여섯	➼ 매화梅花
46	▐ 열일곱	➼ 막걸리 한 모금에 사랑을 싣고

48	🏳 열여덟	↠ 이방인異邦人
50	🏳 열아홉	↠ 둘이 하나 되어
52	🏳 스물	↠ 가시나무새
56	🏳 스물하나	↠ 소리들
58	🏳 스물둘	↠ 말과 침묵沈默
60	🏳 스물셋	↠ 구름이 비가 되어 내리는 날
62	🏳 스물넷	↠ 삶을 멋지고 아름답게 만드는 깃
64	🏳 스물다섯	↠ 첫눈에 반하다
66	🏳 스물여섯	↠ 여명의 에오스EOS
68	🏳 스물일곱	↠ 벌거벗은 삶
70	🏳 스물여덟	↠ 유리 심장
72	🏳 스물아홉	↠ 사랑을 잘 모르는 이유
74	🏳 서른	↠ 조바심과 설렘 사이
76	🏳 서른하나	↠ 참 행복한 사람입니다
78	🏳 서른둘	↠ 아프로디테Aphrodite
80	🏳 서른셋	↠ 봄이 오는 길목
82	🏳 서른넷	↠ 김장
84	🏳 서른다섯	↠ 질경이
86	🏳 서른여섯	↠ 빛이 우리를 찾는 곳

88	▶ 서른일곱	➡ 듣고 또 부르고 싶은 그 이름 엄마
90	▶ 서른여덟	➡ 내 마음 머무는 곳
92	▶ 서른아홉	➡ 바람같이 물처럼
94	▶ 마흔	➡ 섣부른 판단 선입견
96	▶ 마흔하나	➡ 수리수리 마하수리 팔남바사샤
98	▶ 마흔둘	➡ 백색 소음
100	▶ 마흔셋	➡ 사死의 비가悲歌
102	▶ 마흔넷	➡ 한철
104	▶ 마흔다섯	➡ 선한 영향력
106	▶ 마흔여섯	➡ 명함
108	▶ 마흔일곱	➡ 작은 별들이 만들어지는 조건
110	▶ 마흔여덟	➡ 심봉사가 눈을 뜹니다
112	▶ 마흔아홉	➡ 슬렁슬렁 산다는 것
114	▶ 쉰	➡ 광음 앞에 서 있는 무상無常
116	▶ 쉰하나	➡ 필사筆寫
118	▶ 쉰둘	➡ 루틴Routine 아침을 깨우다
120	▶ 쉰셋	➡ 쉬었다 가세
122	▶ 쉰넷	➡ 제발 상처 주지 마세요

124	🚩 쉰다섯	➡ 우리가 기억해야 하는 것들
126	🚩 쉰여섯	➡ 진지전陣地戰
128	🚩 쉰일곱	➡ 자기 용서
130	🚩 쉰여덟	➡ 이성과 감성 사이
132	🚩 쉰아홉	➡ Daughter
134	🚩 예순	➡ 심장이 나댄다
136	🚩 예순하나	➡ 레거시legacy
138	🚩 예순둘	➡ 방랑자放浪者
140	🚩 예순셋	➡ 걸림돌과 디딤돌
142	🚩 예순넷	➡ 글과 그림
144	🚩 예순다섯	➡ 말밥 당근
146	🚩 예순여섯	➡ 착해와 바름 사이
148	🚩 예순일곱	➡ 사랑하면 찾아오는 것들
150	🚩 예순여덟	➡ 초사병初四病
152	🚩 예순아홉	➡ 짓과 일
154	🚩 일흔	➡ 시詩

157　해설 | 존재와 본질을 탐구하는 여정_이지선

🏳 하나

⤖ 시작과 끝

시작은 끝을 쫓아 달리고 또 달려보지만 끝은 보이질 않네

끝은 달려온 억겁의 시작을 안고 또 안아보려 하지만 품을 수가 없네

시작과 끝의 찰나의 공간에 채워진 채워질 수많은 회억 추억들

끝없는 쉼과 느낌 물음과 점 하나 방점을 찍는다

우주 공간 속 수많은 별들 터, 하늘과 바람 그리고 시詩.....

시작은 창대하게 용솟음치며 번듯이 솟아올랐고 그 끝 또한 심히 창대하여라.

하나
시작과 끝

🚩 둘

◆ 글이 춤을 춘다

글이 춤을 춘다 춤을 춰

얼씨구 절씨구 어절씨구 지화자 좋구나 에헤라디야

덩실덩실 더덩실 어깨춤이 절로 난다

훨훨 훨훨 나는 나비의 날갯짓처럼 부드럽게

휙휙 휙휙 비수匕首의 움직임처럼 날카롭게

솔솔 살랑살랑 숨어 우는 바람처럼 구슬프게

엄마의 가슴속 아기 천사의 미소같이 따스하게

우수憂愁 그득한 큰 눈망울에 뜨거운 눈물 머금은 사슴처럼

춤을 춘다 춤을 춰, 글이

일필휘지一筆揮之, 날렵한 손끝에서 어깨를 스쳐 흰白 버선코를 타고
흘러 내리는 춤사위의 현란함은 마치 운심雲心의 검무劍舞를 연상케 한다

글이 외줄을 탄다, 외줄

댕기 끈 질끈 동여매고 부채 하나에 몸을 싣고 아슬아슬 심장이
쫄깃쫄깃
간장이 덜렁덜렁 외줄을 탄다 외줄

글이 혼을 부른다, 혼을

순백의 영혼靈魂을

너무나 맑고 밝아 눈이 부셔 뜰 수가 없다, 하얀 눈꽃처럼

글이 춤을 추고 외줄을 타고 혼을 부를 때, 비로소 잠이 드네
꿈을 꾸네 눈을 뜨네 그리고 영롱한 아침을 맞는 시詩.

⚑ 셋

❧ 어른 아이

찬바람이라도 불라치면 옷깃 사이로
그 바람 스며들까 염려스러운 엄마

한여름 작열하는 뙤약볕 아래 텃밭이라도 멜라치면
주름 많은 얼굴 그을릴까 걱정스러운 엄마

열기 한가득 안은 한여름밤 에어컨이라도 틀라 이르면
전기료 아깝다 삼복더위 밤 허리춤 부여잡고 뒤척이다
그 밤 꼬박 지새우시는 엄마

한겨울 한파 냉기 들어찬 방에 춥지나 않을까 보일러
온도 올리고 지내시라 이르면 내복 입으니 괜찮다
하시며 호기롭게 고집 피우시는 엄마

이리 보고 저리 살펴도 어린아이의 치기인 양 염려되고
걱정스러운 엄마

엄마는 정녕 자식 애간장 태우는 어른 아이.

어른 아이

넷

아내여

아내! 그 이름 다시 한번 불러 보오

첫사랑! 아카시아 향기처럼 달콤함으로
다가와 나에게 안기었지요

보면 볼수록 알면 알수록 사랑스럽고
매력 넘치는 그 이름 두 글자, 아내

첫눈처럼 내게 다가와 별빛처럼 맑게 빛나던 그대

구슬퍼 보이는 얼굴마저 눈이 부시도록 아름답던 그대

때론 친구처럼 지친 나를 위로해 주고

때론 누이처럼 나의 아픈 상처를 보듬어 주고

때론 애인처럼 살며시 다가와 나의 품에 안기어
사랑을 속삭여 주던 그대

그렇게 어른이 되었다고 말하던 그때가 어제 같은데

어느 사이 진발鬢髮 머리 위엔 하얀 눈꽃 피어나고

자색姿色 눈가엔 광음의 흔적 주름살에 헛헛한 나의 마음 달랠 길 없네요

사랑 하나로 살아온 이 세월

내 기꺼이 그대 기쁨이 되고 그대 슬픔이 되어 주리오다

나 그대에게 그대 나에게 그렇게 서로의 등불이 되어
정 주고 사랑 나누며 예쁘게 살아가요, 우리

듣기만 하여도 이젠 가슴이 시리다 못해 먹먹해져 버리는 소중한 그 이름, 아내

보석보다 찬란한 그 이름 두 글자, 아내.

🚩 다섯

⮕ 푸른 제복 너의 의미

푸르름 청춘 한허리 잘라내어 오롯이 함께했던 푸른 제복

가슴속 깊이깊이 고이고이 간직해두었던 푸른 제복

지금 이 순간 추억의 책장을 넘기며 한 페이지 살포시 꺼내어 본다

"학군단에 입단했을 때 내 가슴은 뛰고 있었지

훈련복을 지급받을 때 죽었다고 복창했었다

특성 훈련 고달팠어도 님 생각에 참아냈었고

장교 될 날 기다리면서 푸른 꿈을 키워왔었다

아 아 대한민국의 육군 소위가 이렇게도 고달픈 것이라서

아 아 참고 참아 견디어 열심히 배워 대한민국의 멋진 장교 되리라"

입가에 흐르는 귓가에 맴도는 청춘의 메아리 "후보생의 고독"

대한민국 육군 간성干城 되리라 목이 터져라 다짐하고 맹세했을 내 청춘

내 청춘이 영원히 꺼지지 않고 살아 숨 쉬며 함께했던 푸른 제복

조국을 품에 안고 굵은 땀방울과 끓어오르는 피로 얼룩져 있던 푸른 제복

푸른 제복이 가리키는 길은 설원의 홀로선 대나무같이 늘 강직하고 올곧았다

푸른 제복이여!

푸르름 청춘과 함께 영영 영원히 잊히지 않을 내 가슴속 서리서리 깊이깊이 살아 숨 쉬라.

🚩 여섯

🔖 훨훨 다시 날자 KOREA 대한민국

우주 창공 별 헤는 밤, 그 속에 유별히 빛나는 동방의 불꽃
하나

고요 속에 외침은 크니 결코 고요치 않은 아침의 나라 찬란한 KOREA
대한민국

동녘 하늘 검붉은 태양 찬란히 솟아오르고 강산은 붉은 피로 깨어나니

백두대간白頭大幹은 푸른 용맥처럼 뻗어나고 청송의 철갑은
장군의 옷이라

울울창창 병사봉아 천왕봉아 네 모양이 의연毅然하구나

너의 의연함이여
바위는 입을 닫고 그대는 하늘 향해 쏘아보도다

사시 윤회四時輪回!

봄이여!

큰 겨울 헤치고 나와 우렁우렁 숨을 뿜어 새잎 틔우고

울긋불긋 봄꽃 만개하여 새 희망의 포문을 연다

여름이여!

동해 바다 파란 물결 철써덕 철써덕 일렁이는 파도를 마시며 새 아침의
등불을 드높이 들어 올린다

가을이여!

오색찬란 단풍 모질게 물들이고 공활空豁한 창공 아래
광활廣闊한 황금 들녘 금싸라기 넘실넘실 춤을 춘다

겨울이여!

하양 눈 내려와 하양 눈꽃 오롯이 안기면 순백의 대지는
정결한 피를 안으니 대한의 정기여 너는 결코 얼지 않는다

명승名勝 백록담白鹿潭에서 신령한 물결 백두白頭 천지天池로 흐르고 그 사
이를 잇는 우리들의 영靈과 혼魂

대한의 아들이여, 딸이여, 깊은 피 맥박 치는 겨레여

두 손 마주 잡고 이 강산을 밟아 다시 달려 보자, 외쳐 보자, 새 희망을 살아내자 영영히, 영원히ー 永永히!

피고 또 지고 또다시 피어나는 저 무궁無窮 무궁無窮 무궁화처럼 우리의 넋 또한 무궁하리니

자, 준비하라!

다시 한번 용솟음쳐 보자 훨훨 다시 날자 다시 한번 날아보자 저 창공蒼空 뚫고 은한銀漢을 넘어서

아름다운 금수강산錦繡江山 KOREA 대한민국 일편단심 길이길이 보전하자 영원히 무궁히……

여섯

훨훨 다시 날자
KOREA

🏁 일곱

❥ 광음아 멈추어 다오

광음! 너는 눈치도 없이 찾아와 아무런 인사도 없이 가버리는가?

봄이 오면 여지없이 꽃들은 피어나고

여름이 오면 어김없이 여름을 알리는 전령사 매미가 울어대지

가을이 가면 한동안 너의 아름다움을 뒤로한 채 오색찬란했던 단풍은 지고

겨울이 오면 눈 빠지게 기다렸다는 듯 속절없이 눈서리는 내린다

봄에 꽃들이 피어나고 여름에 매미가 울고 가을에 단풍이 폈다 지고
겨울에 눈서리가 내림은 천경지위天經地緯이거늘

속절없이 흐르는 그런 광음이 한없이 야속하고 무정할 사 그대로다

오는 세월 가래로 막고 가는 광음 두 손 뻗어 붙잡고 싶어지네

멈추어 다오 광음아 멈추어 다오

너는 어찌해야 좋은 거니?

나의 작은 지혜로는 알 수가 없구나.

일곱

광음아 멈추어다오

▶ 여덟

❖ 삼매경三昧境에 빠지다

시간의 흐름을 멈춰 세우고 마음에 찍는 쉼표와 느낌표

마음은 시작이 없는 곳에서 피어나네

등 굽은 소나무처럼 굽어 굽어 바르지도 곧지도 못하네

산정山頂은 오라 부르네 저 산 끝 정상으로

바다는 보라 소리치네 바다 끝 맞닿은 수평선 너머를

한 점 먼지 없는 청정 호수 속 마음 되어

저 끝 번듯이 솟은 산정山頂되고 저 드넓은 망망대해茫茫大海 되어 사랑으로 물들이네

길고 긴 호흡으로 나 홀로 행성 같은 마음 되어 모든 것을 공空하네

삼매경에 빠진다는 것 정녕 신비로운 일인 것 같아.

여덟

삼매경三昧境 빠지다

🏁 아홉

⊷ 필연必然

세상에 우연한 인연이란 없는 것이라오

만남에는 헤어짐이 정해져 있고 떠남이 있으면 기어이
돌아옴이 있는 것이라오

드센 눈보라 속에서도 꽃은 피어나고

거센 맹풍열우猛風烈雨가 없어도 낙엽은 지듯이

그냥 그렇게 흐르고 흘러 흘러가는 것이 광음이라오

혹여 인연이 멀어진다고 그대여 울지 마오

혹여 인연이 떠나간다고 그대여 슬퍼도 마오

오고 감엔 필연의 때가 있어 아쉬움에 미련일랑 두지 마오

세상에 우연한 인연이란 없는 것이라오

흥망성쇠興亡盛衰 생몰生沒에는 필연의 때가 있으니 억지로
인연 붙들려 마오

그 인연은 필연이 아닌 것이라오

흐르고 흐르는 물같이 불고 부는 바람처럼 그냥 그렇게 살아가오

그런 것이 거스를 수 없는 필연이라오.

▶ 열

❖ 그날 그 함성 오늘을 깨우다

싸늘하고 차디찬 콘크리트 바닥 여기저기 너부러져 있는 하얀 무명천에
덮여 이름조차 알 수 없는 주검들

너는 마치 형체조차 찾아보기 힘든 베이고 찔리고 함몰된 누군가의 넋,
영靈과 혼魂

온몸 핏줄이 갈기갈기 짓이기어 터져 피로 검붉게 물들어 퍼져버린
도시의 진동하는 피비린내로 순간 구역질에 몸서리로 벌벌거린다

도청 옥상의 시계탑, 분수대의 함성과 박수 소리, 마이크를 움켜잡고
애국가를 선창하는 카랑카랑한 여성의 목소리, 아리랑 그리고 울려 퍼지는
애국가

너의 두 눈에 너의 두 귀에 너의 심장에 너의 깊숙한 폐부에 깊숙이 새겨진
흔적들

한편의 파노라마처럼 폭풍우같이 휘몰아쳐 밀물 되어 밀려온다

금남로를 누비며 요란한 굉음과 함께 질주하는 장갑차, 날선 대검을 착검
한 소총으로 중무장한 정예 부대 계엄군의 할거割據

화약 냄새가 채 가시지 않은 총탄에 구멍 난 가슴 사이로 쉼 없이
흘러내리는 검붉은 핏물

얼핏 피사의 사탑처럼 쌓여져 만 가는 피로 얼룩진 주검들

그 위로 쏟아져 내리는 기름, 금방이라도 숲을 집어삼킬 듯 순식간에
불바다가 되어버린 고결하고 숭고한 너의 육신肉身

계엄군의 소총 개머리판에 짓이겨진 너의 팔과 다리, 가슴 그리고
곱디고운 얼굴

순간 소스라치듯 아픈 기억 속으로 흐르는 님의 침묵沈默!

등골이 오싹해지며 뜨거운 응어리가 두 눈에 일렁이며 양협兩頰을 타고
흘러내린다

따스하고 온화한 봄이어야 할 오월의 광주는 그냥 그렇게 북풍한설北風寒雪
휘몰아치는 매서운 칼바람처럼 살을 에고 시리고 아파했다

고단한 하루가 또 그렇게 저물어 간다

희뿌연 연기처럼 또 하루가 멀어져 간다

그냥 그렇게 광주의 봄은 지나갔다

피, 땀, 눈물로 얼룩진 치열하고 맹렬했던 10일간의 투쟁의 역사, 잊지 못할 순간들, 몸짓들, 기억들!

쓰나미 되어 봇물 터진 성난 파도처럼 밀려온다

광음은 뼈저린 흔적 가슴속 커다란 생채기만 남긴 채 흐르고 흘러 어언 사십오 년 아픔만이 서러워

피, 땀, 눈물 그리고 그날의 절규_絕叫_ 그 함성은 아직 그 자리에……

열

그날 그 함성
오늘을 깨우다

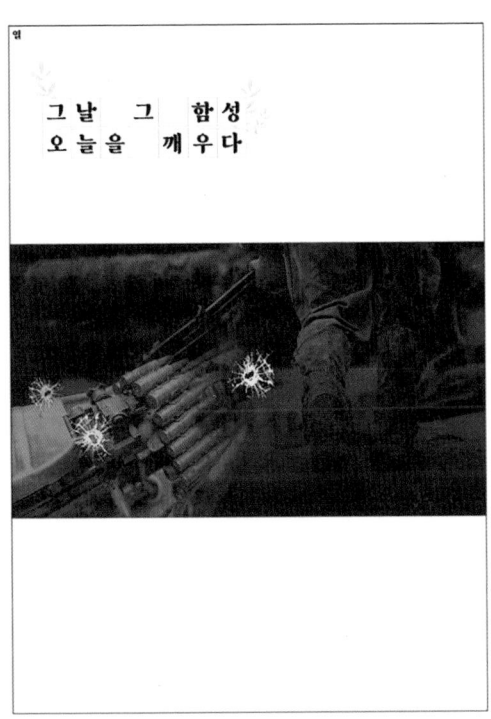

🚩 열하나

💠 할미꽃

북풍한설北風寒雪 휘몰아치는 엄동설한 산고곡심山高谷深 산골짜기 찬 눈 맞으며 길 나서네 길을 나서네

양협兩頰 타고 흐르는 설움 눈물 찬 서리 되고 애달파라 어찌할꼬

일찍이 미망未亡되어 금지옥엽金枝玉葉 애지중지 보듬어 출가외인出嫁外人 하니 적막감에 헛헛한 이 내 맘 어찌 달래랴

땅 팔고 소 팔아 내 곁엔 허름허름 오두막 하나로세

진발鬒髮 머리 백발白髮 되어 어느새 하얀 눈 소복이 쌓이고

광음은 기다릴 줄 모르고 쏜살같이 내달려 이 내 한 몸 가눌길 없네

이내 신세 賤데기 되어 갈 곳 잃어 헤맴에 초라하기 그지없네

오호통재嗚呼痛哉라, 깊고 깊은 두메산골 뒷동산 무덤 앞 하얀 꽃술 서리서리 허옇게 꽃 한 송이 되었구나.

열하나

할미꽃

🚩 열둘

⇨ 눈 감으면 보이고 들리고 느껴지는 선명한 것들

갓난아기 오물오물 엄마젖 빨아대는 포근한 엄마 가슴속 나지막이 심장소리

드넓은 뒷마당 웃음꽃 활짝 뜀박질하며 굴러가는 아이들의 굴렁쇠 돌아가는 소리

엄동설한嚴冬雪寒 뽀드득 뽀드득 처마끝 익어가는 고드름 소리

칙칙폭폭 칙칙폭폭 가을을 가르며 내달리는 기적汽笛 소리

엄마야 누나야 강변 살자 흥얼흥얼 콧노래, 엄마 아빠 두손 맞잡고 징검다리 개울 건너 오솔길 따라 고향으로 향하는 고사리 손

논둑 밭둑 태워가며 송진 가지 한가득 깡통 돌리며 깊어만 가는 정월 대보름

회초리 치시고 그 마음 아파 눈물 훔치시는 엄마 손에 들려진 다락방 한편 조롱박 안 임자 없는 검붉은 홍시

눈 감으면 선명해지는 보이고 들리고 느껴지는 흐린 기억 속 어린 추억들.

눈 감으면
보이고 들리고
느껴지는 선명한 것들

🏳 열셋

❥ 이별 속 사라져 가는 것들의 그리움

점점 넌 멀어져 멀어져가나 봐 망각의 기억 속으로

점점 넌 사라져 사라져가나 봐 이별의 추억 속으로

한없이 그립고 슬퍼지네

내 앞에 존재했던 예쁜 기억들이 아름다운 추억들이

물안개처럼 희뿌옇게 날아가 버리나 봐

가슴속 간직하고픈 순간들이

끝없이 흐르고 흐르고 흘러만 가나 봐

똑딱똑딱 똑딱똑딱 똑딱똑딱 똑딱똑딱, 돌아가는 시침을 멈춰 세우고 싶어

아른아른 햇살 아래 살랑살랑 흔들리는 한 잎새 움직임

내 두 눈에 내 심장에 잊히지 말게 깊이깊이 담고 또 담아두고 싶어

자리하고 있음에 존재하는 이별 결코 떨어질 수 없는 양극단의 균형을

깨고 싶어

현실은 한 발자국도 뒤로 물러나주질 않네

바람은 나뭇잎 휘몰고 사라졌는데 내 그리움은 아직도 그 자리에

황혼이 지는 이 자리 그리움만이 서러워

오늘도 기쁘게 사라져주리라 그 그리움으로

땅거미 내려앉은 내 텅 빈 삶의 뜨락에서 읊조린다

비스와바 쉼보르스카의 시 구를

"너는 존재한다-그러므로 사라질 것이다 너는 사라진다-그러므로 아름답다"

🏳 열넷

❥ 양치기 소년

봄이 오면 찾아온다네 양치기 소년이

나는야 풀피리 부는 양치기 소년이라네

삘리리삘리리 삘리리삘리리 삘리리삘리리 삘리리삘리리

동녘 하늘 해 오르면 내 친구 양들과 산등성이 올라 흥에 겨워 풀피리를 분다네

삘리리삘리리 삘리리삘리리 삘리리삘리리 삘리리삘리리

사람 없는 이곳에서 할 일 없는 이곳에서 마냥 즐거워 그렇게 풀피리를 분다네

삘리리삘리리 삘리리삘리리 삘리리삘리리 삘리리삘리리

익숙했던 산등성이 함께했던 내 친구 양들이 그리운 날들이
오늘 밤 또 나를 찾아온다네

널 부르며 널 그리는 애태우며 쫓는 추억들은

텅 빈 산등성이 어느새 수많은 추억만이 가득해, 쌓이고 쌓여만 가네.

🏁 열다섯

❥ 재래시장 사람들

동트는 새벽녘 가슴속 희망을 안고 포문을 열어가는 재래시장 사람들

꼭두새벽 마수걸이라도 할라치면 절로 함박웃음 지어 보인다

사십 년 광음 속 기나긴 여정을 재래시장에서 함께 호흡하며 푼푼한 정을 쌓아오신 어머니

명절 음식 장만할라치면 온 가족 대동하고 개선장군凱旋將軍 되어 선두先頭에서 길을 트고 재래시장으로 향한다

이산가족 만난 듯 대동단결 파안대소破顏大笑 난리 법석 전쟁터가 따로 없네

물건이라도 살라치면 덤은 기본 그놈의 정을 한가득 얹어주네

정녕 정겨움이 물씬 풍겨나는 아름다운 삶의 터전이자 공간이라네

푼푼한 정 하나로 살아가는 사람들이 호흡하고 있는 이 공간, 소리 없는 정이 내게로 흐른다

그들의 목소리 들려온다, 소리 없는 정이 내게로 흐른다.

열다섯

재래시장 사람들

🚩 열여섯

⤙ 매화梅花

봄의 전령사傳令使 창조자의 그림자, 매화

오가는 사람 마음 설레게 하는 꽃 중의 꽃, 매화

하얀 달빛 아래 고요히 피어나는 너는 월매月梅

그 꽃잎 위 하얀 눈으로 뒤덮인 너는 설중매雪中梅

너의 고결한 지절志節은 내 마음속 깊이깊이 내솟는 눈물이어라

너의 강인한 의지 조용한 인내는 벌레처럼 꿈틀대는 나의 욕망을
굴종시키기에 부족함이 없도다

너의 충실忠實함은 호수처럼 고요해 세상사 연연함 없이 그토록 초연하구나

너의 심경心鏡은 고방孤芳한 군자의 인품이어라

봄은 찰나지만 매화 너의 깊고 깊은 향기와 청초한 아름다움은 끝없는
영원함이어라.

열여섯

매화 梅花

🏁 열일곱

⚡ 막걸리 한 모금에 사랑을 싣고

억겁의 시간 억겁의 추억 내 온몸에 깊이깊이 새겨진 기억을 들려주네

길고 긴 여름 끝 지난 至難함을 이겨낸 황금 들녘 자연이 빚어 놓은 신비로운 예술

황금물결 춤을 추고 알알이 들어찬 벼 이삭이 고갤 숙이고 농부農夫의 가슴은 벅차오르네

사각사각 낫질 소리 얼씨구 절씨구 어절씨구 좋구나 좋아

농심農心은 벌써 풍년이네 풍년이로세

동구洞口 밖 어느 양조장 술 익어가는 소리 신비롭다

향긋한 막걸리 내음 실바람 타고 솔솔 불어오네

때마침 농부의 갈증을 씻어 줄 막걸리 심부름에 동심童心은 어느새 동구洞口 밖 양조장 코앞

돌아오는 길, 내 입은 금방 주전자 주둥이로 향하고 어느새 한 모금 꿀꺽

어기야디야 좋을 시구 아무도 모르게 한 모금의 막걸리 동심童心은
콩닥콩닥콩닥 콩닥콩닥콩닥

막걸리 한 모금에 세상사 온갖 시름 모두 훨훨 다 날아가네

농부農父의 마음은 내 동심童心이어라.

🏳 열여덟

⇝ 이방인異邦人

이방인, 너는 세상을 끊임없이 질문한다

이방인, 너는 스스로 평범하기를 거부하는 괴팍한 인간 뫼르소

이방인, 너는 세상의 불합리와 부조리에 끊임없이 저항한다

인간의 위대하고 존엄한 가치를 지키기 위하여

이방인, 너의 몽환적인 초연함은 마치 카프카를 연상케 하네

이방인, 너는 세상으로부터 특이하고도 유별난 사람으로 치부당한 존재

이방인, 너는 세상 모든 이로부터 배신당한 것 같은 바로 그 감정의 결정체

세상을 너의 언어로 너의 생각으로 분출하고 환원시켜야 비로소 평안함을 느끼고 만족하는 존재

이방인, 너는 세상의 유희로부터 이질감과 두려움 낯섦을 지배하려는 자

이방인이여! 불합리하고 부조리한 세상의 유희에 맘껏 비웃어라

그리고 격렬하고 치열하게 저항하라

너는 너 자신조차도 낯설게 느껴지는 순간 그냥 그렇게 너 자신에게도 영원한 이방인.

🚩 열아홉

🔖 둘이 하나 되어

그렇게 어른이 되었다고 호기롭게 하늘 향해 두 팔 벌려 태산 같은 가슴 내어 주던 때가 어제 같은데

짧은 인사 한마디 깃털 같은 산뜻한 마음으로 다가가

두근거리며 나대는 심장의 몸부림 부여잡고 한 걸음 내딛으며

나도 몰래 나타난 그 말, 한 번도 못했던 그 말

좋아해요 사랑해요 나와 그대 그대와 나 우리

우주 속 수많은 별들 중 샛별같이 십자성같이 유별히 빛나는 그대를 만나 꿈을 꾸듯 서로를 사랑하게 되고

둘이 하나 되어 버린 날 그 기적 같은 우리 사랑

그대도 내 마음같이 나도 그대 마음같이

진발鬢髮 흰 서리 내려 앉는 그날까지 예쁘고 아름답게 살아가요

좋아해요 사랑해요 나와 그대 그대와 나 우리.

열아홉 둘이 하나 되어

🏳 스물

⇨ 가시나무새

가시나무새

그 끝자락 모르게 하염없이 잠기던 너의 메마른 부리로 끝없이 쪼아대던 고결한 사랑

허공을 가르는 그 옛적 이야기처럼 되살아나 내 까마득한 기억 속 상념想念의 불꽃으로 되살아나 피어오른다

가시나무새

너의 숭고한 사랑의 한계는 어디인가?

가시나무새

너의 처절한 고뇌와 희생의 끝은 어디까지인가?

뼈를 깎는 듯한 고통 속에서도 너의 존엄한 아름다움은
찬란하게 빛을 발한다

가시나무새

정작 너의 마지막 운명의 끝은 희극인가 비극인가?

여기저기 헤매다 홀로 고독에 몸부림치며 외로움에 떨고 있을 가시나무새

내 기꺼이 너의 사랑 되어 너의 외로움 보듬어 주리다

가시나무새

땅거미 내려앉은 어두운 이 밤 더 이상 슬퍼하며 구슬픈 눈물 흘리지 마오

너의 구슬픈 눈물은 나의 심장을 아프게 해

너의 끝없는 사랑 영원하길 내 기꺼이 너의 곁에서 함께 걸어가 주리다

비바람 몰아쳐도 너의 두 손 꼭 잡고 너의 곁을 지켜주리다

너는 더 이상 혼자가 아니야 내가 너의 영원한 사랑 되어줄 테니까

내가 너의 꺼지지 않는 등불이 되어 환하게 너의 길을 비춰줄 테니까

같은 하늘 다른 곳에 있어도 나는 너를 결코 잊을 수 없어

더 이상 홀로 외로워 말고 내 품으로 날아와 둥지를 틀어
주렴

지금 내 소리 없는 감정의 소용돌이가 휘몰아쳐 너에게로
흐른다

가시나무새 가시나무새 가시나무새.

스물

가시나무새

🚩 스물하나

➷ 소리들

초봄 땅을 들썩거리며 움트는 새싹들 소리

여기저기 들녘 우렁우렁 꽃망울을 터트리는 소리

오뉴월 추적추적 내리는 빗줄기 사이로 울려 퍼지는 개구리 울음소리

해 질 무렵 어느 산골 마을의 굴뚝 연기 사이로 들려오는 왈왈 개 짖는 소리

맴맴 맴매 한여름 저녁 쩌렁쩌렁 울려 퍼지는 매미 소리

귀뚤귀뚤 귀뚜라미 소리

바삭바삭 낙엽 밟는 소리

짹짹 짹짹 아침을 여는 참새 소리

타닥타닥 겨울밤을 수놓는 모닥불 소리

뽀드득 뽀드득 눈 밟는 소리

분만실 속 생명의 탄생을 고하는 우렁찬 아기 울음소리

또각또각 뚜벅뚜벅 터벅터벅 타박타박 희망차게 아침을 여는 출근길
역동적인 발걸음 소리

교회에서 울려 퍼지는 미사의 종소리

두메산골 이름 모를 암자에서 들려오는 노승의 목탁 소리

이생의 모든 사연 속 환희에 찬 소리 소리들.

🏳 스물둘

◆ 말과 침묵沈默

고마워! 미안해! 사랑해!

의사소통의 매개체 중 최고 중의 최고 으뜸 중의 으뜸 말

때론 화근의 원인 말말말……

때론 죽음의 사선에 서 있는 누군가의 목숨을 살리는 용기

말의 인플레이션Inflation, 말의 홍수

일언기출一言既出 사마난추駟馬難追 하니

자고로 말이란 한번 뱉으면 주워 담기 어려운 것

이별 후에야 비로소 묵묵히 흐르는 침묵沈默.

스물둘

말과 침묵沈默

🚩 스물셋

⇝ 구름이 비가 되어 내리는 날

어떤 구름에 비가 들어 있을까요?

난 정말 알고 싶어요

구름이 몰려오면 두려워져요

구름 속에 숨겨진 비 때문일까요?

구름이 몰려오면 언제쯤 난 설렐 수 있을까요?

어찌하면 설렐 수 있을까요?

난 정말 알고 싶어요

얘기를 해 주세요

거센 물살을 헤치고 거꾸로 거슬러 올라 끝내는 증인을 남기고 떠나는 연어들처럼

증인이 되어 증명해 주세요

제발 얘기를 해 주세요

제발 증거를 보여주세요

구름 뒤에 숨어 있는 비는

정녕 기쁨일 거라고

정녕 즐거움일 거라고

정녕 사랑일 거라고

제발 얘기를 해 주세요

제발 증거를 보여주세요

증인이 되어 증명해 주세요

구름이 비가 되어 내리는 날

설렘 안고 기꺼이 기쁨에 겨워 맞이할 수 있도록.

⚑ 스물넷

❖ 삶을 멋지고 아름답게 만드는 것

마음의 여백, 유머와 위트!

마음의 텃밭이 메마른 것은 마음의 여백이 없는 까닭이겠지요

가진 것 많되 삶이 풍요롭지 못함은 유머와 위트가 없는 까닭이겠지요

설움과 노여움을 기쁨과 즐거움으로 바꿔놓는 힘

미워하는 마음을 용서하는 마음으로 바꿔놓는 힘

질투와 시기를 사랑으로 바꿔놓는 힘

부정의 텃밭에서 긍정의 씨앗으로 열매를 맺을 수 있도록 바꿔놓는 힘

심장 속 흐르는 시퍼런 차가운 피를 뜨겁게 타오르는 검붉은 피로 바꿔놓는 힘

늙음을 젊음으로 바꿔놓는 힘

마음의 여백에서 자라나 풍성히 열매를 맺는 것들

유머와 위트 속에서 삶의 풍미와 풍요로움을 가꿔내는 것들

미워하는 시기하는 마음 없이 아낌없이 아낌없이 사랑을 줄 수 있는 건 마음의 여백이 있기 때문이라오

서러움 노여움 모르는 나는 내 심장 속 유머와 위트가 자라고 있기 때문이라오.

🏳 스물다섯

❥ 첫눈에 반하다

눈이 내렸네 첫눈이 내렸네 하얗게 첫눈이 내렸네

온 세상 모두가 하얗게 새하얀 눈으로 뒤덮였네

첫눈! 너의 눈망울은 별빛 쏟아지는 한 겨울밤 초롱초롱하게 맑게 빛나는 은하수 같아 눈이 부시다 못해 시리다

첫눈! 너의 몸은 은은한 향기가 배어 있어 너무 진하지 않은 달콤한 너의 향기가 날 더욱 유혹해

첫눈! 너의 몸은 때묻지 않은 흰빛 영혼을 머금고 있는 순수함의 결정체 그래서 더더욱 찬란하고 평화롭다

첫눈! 너의 몸은 사랑을 가득 담고 있어 거센 폭풍우가 닥쳐도 꺼지지 않을 영원할 것만 같은 사랑

첫눈! 너의 하얗디하얀 피부는 하얀 도화지처럼 영롱해 우주를 담아낼 만큼 풍요롭다

첫눈! 너를 만지면 시린 손끝마저 따뜻해 온몸으로 너의 따스한 열기가 느껴져

첫눈! 너의 맑게 빛나는 눈망울과 너의 몸에서 배어 나오는 은은한 향기와 너의 때묻지 않은 흰빛 영혼과 너의 가슴속 깊이 새겨진 굳건한 사랑

그렇게 한순간 너의 모든 것이 내게로 다가와 나에게 커다란 의미가 되어버렸다

그래서 나는 더 이상 봄을 기다리지 않는다.

🏳 스물여섯

❥ 여명의 에오스EOS

자욱한 안갯속에 희미하게 비추는 가로등 불빛뿐

동녘 하늘 붉게 타오르는 검붉은 태양이 밀려오네

태양은 지평선 아래 고요히 기지개를 켜고 너와 나 나와 너 우리의 눈빛 속엔 차오르네 찬란한 새벽녘 햇살이

푸르스름 벽색 하늘 두 눈 뜨고 나지막이 콧노래 소리 너와 나 나와 너 우리

악마도 없단다 귀신도 없단다 꿈틀대는 정령精靈들은 모두 다 수그리네

동녘 하늘 새벽녘 검붉게 타올라 여명을 밝히는 장밋빛 손가락의 소유자 에오스EOS

외로움도 없어라 쓸쓸함도 없어라 너와 나 나와 너 우리의 마음속엔

사랑만 있어라 희망만 있어라 너와 나 나와 너 우리의 가슴속엔.

여명의 에오스

🚩 스물일곱

💠 벌거벗은 삶

새 생명이 탄생하네

새로운 삶이 시작되네

조에ZOE의 삶과 비오스BIOS의 삶이 시작되네

꿈을 꾸네

벌거벗은 세상 속 꿈을 꾸네

사랑이 사람을 만나 사랑을 하는 삶을 꿈 꾸네

꿈속에서 나는 보았네

드넓은 광야曠野를 뛰노는 벌거벗은 나를 보았네

벌거벗은 세상에서 대지에 누워 하늘을 보고 바람을 느끼며 별을 노래하는 나를 보았네

꿈을 꾸네 꿈속에서 보았네

벌거벗은 삶 속 꿈을 꾸네

벌거벗은 세상을 보았네

사랑이 사람을 만나 사랑을 하는 벌거벗은 삶의 세상

그런 세상을 꿈을 꾸네

그런 세상을 꿈속에서 나는 보았네.

🏴 스물여덟

⚡ 유리 심장

너의 심장은 유리 심장

나는 마치 초능력자처럼 너의 심장을 볼 수가 있지

나를 보는 너의 눈은 나를 속일 수가 없어

너의 심장은 맑고 투명한 유리 심장이니까

너의 요동치는 심장 소리가 내겐 다 보이지

너의 심장은 유리 심장이니까

요동치는 너의 심장은 지금 나를 사랑하고 있다고 말하고 있지

너무나도 선명해 나의 심장도 너의 심장 소리에 조용히 주파수를 맞춰가지

그런 너의 유리 심장은 나의 속마음까지도 선명하게 꿰뚫어 보고 있어

수줍어 바보처럼 사랑한다 말 못 하는 나의 속마음까지도

너의 심장은 유리 심장

너에겐 아무것도 숨길 수가 없어

나보다도 너는 나를 잘 아니까

그런 너의 유리 심장은 나의 영혼까지도 어루만져 주네

너의 심장은 유리 심장

세상의 모든 것들을 들여다 볼 수가 있어

그런 네가 무서워 세상은 거짓말을 못하지

너의 심장은 유리 심장

한 겨울에 피어난 하얀 눈꽃처럼 세상을 눈부시게 하얗게 물들이네.

🏁 스물아홉

🔖 사랑을 잘 모르는 이유

마음속 여백이 없는 까닭이겠지요

마음속 때 있어 순수함을 잃은 까닭이겠지요

버리지 못하는 욕심의 흔적 때문이겠지요

환영 받지 못한 파편들의 기억 속 상처들을 보듬지 못하는 까닭이겠지요

조건과 기준이라는 억눌림 속 내 안의 모든 걸 내친 까닭이겠지요

감정을 버거워하고 갉아먹는 가슴속 균열 때문이겠지요

알록달록한 내 마음속 색깔들에서 시비곡직是非曲直을 녹여내지 못한 까닭이겠지요

설렘 뒤에 숨겨진 두려움의 장난을 마음속에 감추어 둔 까닭이겠지요

사랑을 잘 모르는 나는 정녕 자신을 오롯이 아끼고 사랑할 줄 모르는 까닭이겠지요.

🏁 서른

◆ 조바심과 설렘 사이

조바심과 설렘 사이에 흐르는 미묘한 긴장감!

돌아가는 시곗바늘의 더딤은, 조바심

사랑하는 연인을 만날 수 있다는, 설렘

새싹 움트기를 가슴 졸이며 안달하는, 조바심

꽁꽁 얼어붙은 땅을 비집고 나와 기필코 새싹 움트고 꽃망울을 터트릴 가슴 벅찬, 설렘

한여름의 가시지 않는 열기 휘몰아치는 태풍도, 오색찬란 단풍을 붉게 물들이는 가을에게 그 곁을 내어주네

겨울의 끝자락 부여잡고 안간힘에 힘들어 하는 동장군도, 끝내는 봄꽃 맞는 설렘 앞에 무릎을 꿇네

찰나가 만들어내는 조바심과 설렘 사이 미묘하게 흐르는 긴장감

어쩌면 조바심과 설렘은 한 끗 차이인 것 같아.

🏳 서른하나

❥ 참 행복한 사람입니다

천만 번 다시 태어난다 해도 행복한 사람 또 있을까요

이생에 외로움 슬픔 내 삶을 따스하게 보듬어준 그런 사랑입니다

그런 사랑 그런 고마움 생각할 수 있는 난 참 행복한 사람입니다

섭섭한 마음 뒤돌아 고개 떨구며 서운함 눈물 흘릴 때 그댈 사랑할 수 있어 참 행복한 사람입니다

비 내릴 때 그 비 맞으며 새잎 보고 웃음 짓고 눈 내리면 그 눈 보며 포근한 마음 느낄 수 있는 난 참 행복한 사람입니다

모든 걸 사랑할 수 있어 모든 걸 줄 수 있는 나는 참 행복한 사람입니다

행복은 가져다주는 그런 행복 아닌 내가 살포시 찾아가는 그런 행복입니다.

서른둘

아프로디테Aphrodite

태초의 신 우라노스 정액과 바닷물의 하모니가 만들어낸 거품의 결정체, 아프로디테!

벌거벗은 너는 나를 더욱 유혹해 너를 벗어날 수 없어

바위섬 키데라를 돌고 돌아 키프로스에 둥지를 튼 너는 키프로스 여인

너의 명함에 박힌 또 하나의 이름, 바다에서 올라온 여인 아나디오메네라

계절의 여신 호라이와 우미優美의 여신 카리테스가 정답게 널 반기네
예쁜 미소로 예쁜 마음으로

너의 치명적인 눈빛 너의 몸짓은 청초하고 정숙함을 초월하네

쉼 쉴 공간조차 없어 누구도 헤어 나올 수 없어 너의 매력에

정신없이 황홀해진 난 심장이 요동치고 있어

어디선가 누군가에 들킬까 봐 부끄러워 두 손으로 눈 가리네

지나가는 모든 뭇 사내들 시선을 사로잡네 너의 드러난 속살에 빠져

빠져드네

너는 너는 붉디붉은 한 줄기 빛 되어 곱디고운 마음으로 절름발이
헤파이스토스를 맞이하네

정열의 붉은 장미여, 너는 아프로디테의 흘린 피로 그렇게도 붉디붉구나

우주의 모든 아름다움과 사랑은 그대 품 안에 고요히 잠들고

내 영혼은 그대 품 안에 평온히
잠이 드네 꿈을 꾸네

영원히 잊히지 않을 그 이름 아프
로디테여.

🏳 서른셋

❖ 봄이 오는 길목

삼라만상이 동면에서 박차고 일어나 두 팔 벌려 기지개를 켜고

새싹은 우렁우렁 그 잎 피우고 봄꽃은 슬그머니 꽃망울을 트려 하는데

오락가락 재촉하는 봄 진눈깨비 흩날리고

겨울의 끝자락은 쌍심지 세우고 시새움에 허리춤 부여잡네

봄이 오는 길목에 서서 봄은 이다지도 고되고 힘겨워 하네

그렇게 봄은 벌겋게 힘들어 하네

벌겋게 힘들어 하네.

🚩 서른넷

◆ 김장

만추에 맞이하는 단골손님 김장이라네

그 얼마나 오랜 시간 그 먼 길을 달려왔는지

헐레벌떡 다가와 설렘 한가득 안기는 김장이라네

정 주고 사랑 주고 마음 주는 아름다움 선사하는 고마운 친구 김장이라네

눈앞에 펼쳐지는 주재료와 부재료들의 하모니 보이소

삼현육각 악사 대동하고 외줄 타는 줄광대와 어릿광대의 수준 높은 공연예술 같아

고춧가루에 적절히 버무려진 부재료들이 알맞게 절여진 배추의 품속으로 살포시 비집고 들어가 안기네

옹기장 손끝에서 정성스레 빚어낸 걸작 중의 걸작이라네

주방에서 맛있게 익어가는 돼지수육, 곱게 꽃단장하고 웃으며 우릴 반기려 하네

배춧속 고명 삼아 굶주린 허기를 채워줄 생각에 어기야디야 흥 타령이

절로 나네

한 통 두 통 채워져가는 김장김치, 어느새 마음 밭은 풍년이라네

만추 가을걷이 끝낸 두메산골 시골 농부의 마음처럼

김장 너는 내겐 또 다른 커다란 의미

일 년 열두 달의 긴 시간을 함께 하게 될 든든한 벗이라네

너는 또다시 내게로 와 새로운 인연을 맺는다

겨울이면 영락없이 내게로 와 새로운 추억 안기는 너

우연 같은 필연으로 다시 만나게 될 김장

긴 긴 기다림 속 시간만큼이나 오랫동안 품고 또 품으리라.

🏳 서른다섯

◆ 질경이

흙 한 줌, 빛 한 줄기, 물 한 모금 없는 돌계단 틈 사이 끝내 비집고 나와 뿌리를 내리고야 마는 넌, 질경이

짓밟히고 짓이겨지는 그 아픔 다 이겨낸 넌, 질경이

지독한 외로움 슬픔에 굴하지 않고 비켜서지 않고 어느 결에 생명의 씨앗을 흩날리는 넌, 질경이

척박하고 매정한 이 세상 그 설움 그 노여움 다 이겨낸 넌, 질경이

질곡桎梏의 삶 속 의연하고 담대한 마음으로 우렁우렁 잎들을 키우고 한 꽃잎 피워 발자취를 남기는 민초 넌, 질경이

불꽃처럼 살아가야 해 넌 질경이야

꿋꿋하게 굳건히 살아가야 해 넌 질경이니까.

🏳 서른여섯

ꕤ 빛이 우리를 찾는 곳

캄캄한 칠흑 어둠 속에서 빛을 마중하는 순간순간들

고사리 밭 그 옛적 고사해 버린 비스듬히 세워진 속 텅 빈 고목나무 속

박주가리 한 포기 새들이 쪼아놓은 구멍 속으로 비친 한 줄기 빛

그 빛 따라 깊숙한 굴속 내려앉은 어둠 안고 삐죽이 고개를 내밀며
한달음 빛을 마중하는 한 잎

작은 틈 아픈 상처 속에서 빛을 만나게 하는 통로들

통로를 통해 얻은 빛이 내 안에 자리해 아무리 어두운 곳에서도 길은 보이네

오랜 기다림 속 희망의 빛이 방긋 우릴 반기네.

🏳 서른일곱

❥ 듣고 또 부르고 싶은 그 이름 엄마

불러보고 불러봐도 끝없이 부르고 싶은 그 이름, 엄마

부르다가 내가 죽을 그 이름, 엄마

끝끝내 사랑하고 싶은 그 이름, 엄마

마음속 살아 숨 쉬는 그 이름, 엄마

서산西山 너머 지는 해 부여잡고 울부짖을 그 이름, 엄마

사랑하오 천만 번 말해도 또 되뇌고 싶은 그 이름, 엄마

"아가, 배고프지? 식기 전에 어서 먹으렴."

듣고 또 듣고 싶어지는 그 소리, 부르고 또 부르고 싶은 그 이름, 엄마.

서른일곱

듣고 부르고 싶은
이름 엄마

🏳 서른여덟

❖ 내 마음 머무는 곳

내 마음 머무는 곳은 기쁨의 찬가 흘러넘치는 곳

내 마음 머무는 곳은 이름 모를 노여움 끌어안는 곳

내 마음 머무는 곳은 아리고 시린 슬픔 품는 곳

내 마음 머무는 곳은 화창한 즐거움 얼싸안는 곳

내 마음 머무는 곳은 어여쁜 사랑 포옹하는 곳

내 마음 머무는 곳은 절망의 씨앗, 미움 껴안는 곳

내 마음이 머무는 곳은 뒤틀린 욕망 부둥켜안는 곳

내 마음 머무는 내 발길 이르는 내 숨결 느껴지는 곳에

정녕 기쁨 되고 사랑되어 영영 영원히 내 곁에 그렇게 머물게 하여주오.

🏳 서른아홉

◆ 바람같이 물처럼

저 산은 내게 바람같이 스쳐가라 스쳐가라 하네

저 강은 내게 물처럼 흘러가라 흘러가라 하네

이생 인생사야 모두 다 부운浮雲 같은 거

비켜갈 수 없는 것이 광음인 거, 부질없는 거

지나온 지난至難한 삶 온갖 시름 모두 모두어 내려놓고

거짓 없이 꾸밈없이 사랑스러운 눈빛으로

낮은 곳을 바라보고 못한 것을 긍휼矜恤하며

푸르름 창공 이불 삼아 저 푸른 초원 베개 삼아

맑고 밝은 웃음 지어 보이며 그렇게 쉬엄쉬엄 살아가요

쉬었다 가요 우리.

서른아홉

바람같이 물처럼

⚑ 마흔

❖ 섣부른 판단 선입견

천진스러운 아가의 허리춤 사이로 울리는 방울소리, 딸랑딸랑 일 거야

만추 시골마을 아궁이 속 왕겨 타들어가는 소리, 모락모락 일 거야

한여름 뙤약볕 아래 우뚝 선 고목에 외로이 떨고 있는 매미 소리
맴맴 일 거야

툇마루 속 허기에 지쳐 너부러져 울어대는 고양이 울음소리
야옹야옹 일 거야

사랑이 그리워 살랑살랑 꼬리치며 반갑다고 짖어대는 개 소리, 멍멍 일 거야

새벽 찬바람에 이슬 맞으며 동트길 기다리는 수탉의 울음소리
꼬끼오 일 거야

서두르는 아침 출근길 어깨 좁은 여인의 구두 발굽 소리, 또각또각 일 거야

포식자의 두려움에 벌벌 떨며 울어대는 병아리 소리, **삐약삐약** 일 거야

주방 아낙네의 손끝에서 만들어지는 김치찌개 끓는 소리, 보글보글 일 거야

낙엽 밟으며 걸어가는 어느 노신사의 담배 빠는 모양새, 뻐끔뻐끔 일 거야

어떠한 의미도 만들어내지 못하는 것이 세상에 존재하는 생명의 소리들 몸짓들이지

인간의 섣부른 판단이 만들어낸 선입견일 뿐.

🏳 마흔하나

⤖ 수리수리 마하수리 팔남바사샤

주문을 외워보자 주술을 걸어 보자

마술사가 되어 보자 마법사가 되어 보자

술람미 여자가 되어달라고 솔로몬의 여인이 되어 달라고

수리수리 마하수리 팔남바사샤

사랑하고 사랑받는 여인이 되어 달라고

사랑하는 여인이여 너는 어여쁘고 화창하여라

매일 내 꿈속에 너를 내게 가져다 주네

기쁨의 동산에서 우린 사랑에 겨워 춤을 추고 있네

우울함은 떨쳐버려 고독함은 던져버려

증오는 절망의 불꽃이네 미움일랑 잊어버려

그대의 가슴에 가만히 기대어 듣는 숨결 사랑의 기쁨이네

수리수리 마하수리 팔남바사샤

수리수리 마하수리 팔남바사샤.

🏳 마흔둘

⚡ 백색 소음

기와起臥 속 내뱉어진 수많은 농담과 한숨 소음들로 사면팔방四面八方 가득한 이곳에

한여름 장마에 추적추적 내리는 빗소리

진하지 않은 꽃향기 머금고 스쳐 불어온 향긋한 바람 소리

처얼썩 처얼썩 하얀 이 드러내고 모래성을 삼켜버린 일렁대는 파도 소리

하늘하늘 흩날리며 온 세상을 하얗게 덮여가는 눈 소리

깊어가는 만추 나뭇가지 매달려 있는 한 잎 마지막 잎새 사이로 흐르는 바람 소리

초여름 깊은 밤 적막을 깨고 깊은 밀회 속 사랑을 속삭이는 풀벌레 소리

심연 속 깊은 늪으로 이끄는 신비로운 마법사

너는 마치 우주 속 모든 소리들을 삼켜버린 침묵沈默.

🏳 마흔셋

◆◆ 사死의 비가悲歌

삼가 고인의 명복을 빕니다.

삶은 유한하거늘 이토록 가슴이 시리고 저리고 비통하단 말인가

이별이 이다지도 아픈 것이라면 차라리 태어나지나 말았을 것을

사랑만 홀로 남겨놓고 저 멀리 떠나간 사람아

정 주고 마음 주고 그렇게 멀어져 간 사람아

이렇게 눈물만 남겨놓고 사라져 간 사람아

거칠어진 손마디가 이리도 안타까워서 깊게 팬 눈가 주름이 이다지도 가슴 아파서

그 손 한 번 못 잡아보고 그 얼굴 한번 못 보고서 차마 이리 보내드릴 순 없는데

가려거든 이 생에 유有하는 그대의 그리운 그 흔적들 모두 다 가져가시구려

염아지독念我之獨 외로울사 이 내 몸은 어찌 살라 하고

양협兩頰을 타고 흐르는 눈물 가눌 길 없구나.

마흔넷

한철

매화도 한철 국화도 한철

그 누구도 분명 한철은 있다

한낱 미물 메뚜기도 오뉴월이면 제때를 만난 듯 날뛰며 춤을 춘다

뻐꾸기도 뻐꾹뻐꾹 잘도 울어댄다

봄도 한철 꽃도 한철

화려했던 꽃도 정녕 피고 또 진다

한철은 요행과는 다르다오

한철은 진정 준비된 전성기라네

이별 후에야 또다시 사랑이 피어나 듯

청춘들이여!

그대들의 한철은 진정 찾아왔는가?

아니면 이미 그대들 곁을 떠나갔는가?

청춘들이여!

아직 다하지 않은 청춘이라면 창대하게 맞이하라

다한 청춘이라면 기꺼이 미련 없이 떠나보내라

다시 맞이할 그대들의 찬란한 미래를 위하여

청춘들이여!

세상 끝까지 달려 보았는가?

그렇지 않았다면 달려 보라

그 끝 정상엔 정녕 그대들이 꿈꾸고 있는 그대들만을 위한 전성기가 나래를
활짝 펴고 웃으며 맞이하고 있을 테니까.

🏳 마흔다섯

⤖ 선한 영향력

선한 영향력!

희망을 이끌어 내는 마중물

한겨울 꽁꽁 얼어붙은 가슴속 따스한 온기가 되고

한여름 추적추적 내리는 장마 속 우산이 되고

만추 형형색색 오색단풍 자수 놓은 낙엽 되어

온 세상 붉디붉은 봄꽃 아름드리 한 아름 안겨준다

밤에는 달빛 되어 낮에는 햇빛 되어 꿈과 희망으로 찬란히 퍼져나간다

선한 영향력!

인류공영 人類公營 의 시발점 始發點 이라네.

마흔다섯

선한 영향력

마흔여섯

명함

천만 번 돌고 돌아 억겁의 시간이 흐르고 흘러 다시 온다 하여도 이생에 이처럼 아름다운 날 또다시 올 수 있을까요

태산泰山은 한 줌의 흙도 버리지 않았기에 태산 되었듯

장강長江은 한 줄기의 물도 모았기에 장강 되었듯

너는 시시비비是是非非 우여곡절迂餘曲折 다시 다난한 삶 속 여정을
오롯이 담고 있구나

살아온 광음의 날들이 어찌 기쁜 날만 있으리오 어찌 슬픈 날만 있으리오

탈도 많고 말도 많은 이생인데

살아갈 남은 길은 그대 곁에 서서 아름다운 날들로 물들이고 싶소

그대가 녹슬지 않도록 늘 닦아 비추오리다.

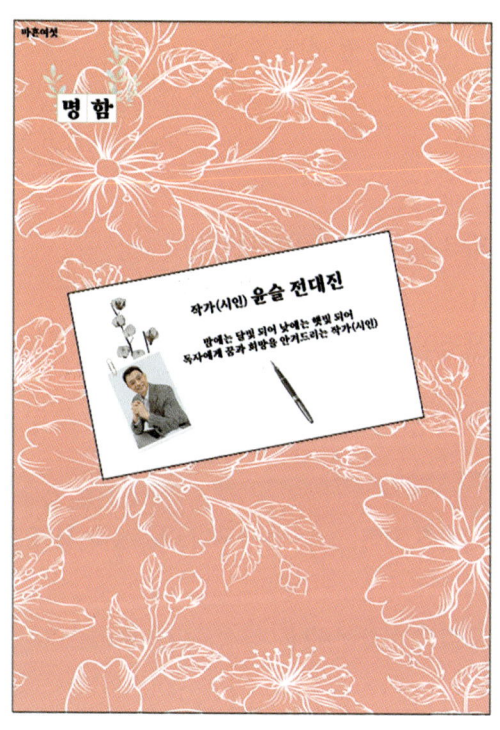

🏳 마흔일곱

❥ 작은 별들이 만들어지는 조건

광음이 비껴간 자리 작은 별 하나 별 둘

푸르름 청년!

번득이는 너의 사유思惟는 찰나를 삼켜버리네

너의 푸르름은 생명의 불꽃이요 소망과 기쁨의 빛이자 삶의 안식처

여인!

너의 화창하고 어여쁜 친화親和는 솔로몬의 여인을 연상케 한다

미움의 씨앗마저 휘감고 사라지네

아름답다 못해 견고함마저 느껴지는 여인

광음을 안고 온 나, 또 다른 광음을 안고 갈 나

찰나의 흐름은 지나온 길목에서 앞으로 나가는 순행의 흐름이 아니라네

미래의 별을 통해 지금의 나를 늘 닦아 비추는 반짝이는 것이라네

그것이 지금 거기 우리의 가슴속에 머물고 있다네.

마흔일곱

작은 별들이 만들어지는 조건

🚩 마흔여덟

❖ 심봉사가 눈을 뜹니다

효녀 심청 황후 되어 배설排設하니, 맹인잔치 지화자 좋구나 어기야디야 좋구나 좋아

심봉사 상처喪妻하고 딸자식 동냥 젖에 처량하기 그지없네

그 효성 극진하여 아비 눈 띄우고자 인당수印塘水 제수祭需 구로 죽은 지가 삼 년이라

내 눈 뜨지 못하고 자식 팔아 이놈 신세 목숨 부지 부질없네 어이할꼬

듣는 심청 기가 막혀 산호山呼 주렴珠簾 걷혀 버리고 버선발로 우르르

아비 목 끌어안고 흐느끼며 불효 여식 살아서 여기 왔소 보옵소서

예이 아니 청이라니 웬 말이요 에이 이게 웬 말이요 나 죽어 수궁 들어온 것이더냐

딸아 딸아 어디 내 딸 얼굴 한번 보자꾸나 꿈이냐 생시더냐

내 눈 뜨지 못해 내 딸 보지 못하니 답답하기 그지없네

심봉사 두 눈 끔적끔적 부처님 도술道術로 두 눈 번쩍 뜨였구나

얼씨구나 좋구나 지화자 좋구나 절씨구나 좋구나 지화자 좋구나

얼씨구나절씨구나 좋구나 좋아 지화자 좋다 에헤라디야.

🏴 마흔아홉

❥ 슬렁슬렁 산다는 것

슬렁슬렁 산다는 것!

보면 볼수록 알면 알수록 매력 넘치는 한량閑良 같은 삶이로세

지난至難한 삶 속에서도 밝은 햇살이 미소 짓 듯 삶은 그냥 그렇게 살아지는 것이니까

돈 없어도 그냥 그렇게 돈 많아도 그냥 그렇게

넘치면 넘치는 대로 부족하면 부족한 대로

삶은 그냥 그렇게 살아지는 것이니까

삶이 나를 속일지라도 너무 슬퍼하거나 노여워하지 마오

그냥 그렇게 모른 척 속아주며 살아가오

지난至難하고 외로운 삶일지라도 노여워 말고 슬렁슬렁 살아보세

눈 뜨고 코 베가는 세상살이 한량閑良같이 슬렁슬렁 살아보세

한량閑良같이 바람 가듯 물 흐르듯 그냥 그렇게 초연超然하게 살아보세

삶은 그냥 그렇게 살아지는 것이니까

공수래공수거空手來空手去인 것이니까.

쉼

광음 앞에 서 있는 무상無常

이 생에 상주하는 것은 없는 것이니 생멸生滅 흥망興亡이 한없이 덧없도다

찰나刹那 위를 내달리는 사람 사람들

그토록 어여삐 피어난 꽃들도, 찰나를 살아내는 인생사도 광음 앞에 무상 그 자체로다

가는 광음 그 누가 잡을 수 있을쏘냐

흐르는 강물 그 누가 막을 수 있을쏘냐

산천초목 고목枯木 되어 그 한 몸 썩어버린들

이 한 몸 진토塵土 되어 영혼으로 돌아간다면

산고곡심山高谷深 산울림 달빛 되어 비출 때면

서리서리 이 내 마음 그곳으로 돌고 돌아가

그리움 마디마디 맺힌 세상 꿈같이 다시 태어나리.

광음 앞에
서 있는 무상無常

🏳 쉰하나

◆ 필사筆寫

잡은 손 한 자루 몽당연필 심지에 연신 침을 묻혀 인생을 쓴다.

희喜 노怒 애哀 낙樂 애愛 오惡 욕欲

도망갔던 기쁨이 굴렁쇠 굴리며 돌아온다

하얗게 사라졌던 그 노여움 밀물 되어 밀려온다

안녕하며 떠났던 슬픔이 양협兩頰 타고 흐른다

동심의 즐거움이 뻴리리뻴리리 콧노래 부르며 꿈틀거린다

이별을 앞에 두고 울며 저만치 떠나간 사랑, 지금 이 순간이 자리 벌겋게 되살아난다

아낌없이 아낌없이 주기만 해서 더 미워진 미움, 땅을 치며 후회되어 내게로 되돌아온다

깜장 기억 침 한 방울 심지 끝 용해溶解되어 내 머릿속 하양 추억 새긴다.

🏳 쉰둘

⊷ 루틴Routine 아침을 깨우다

새벽녘 동녘 하늘 먼동이 트면 창문 넘어 들려오는 지저귀는 참새 소리

눈부신 아침 햇살 한가득 내 두 눈에 들어오면

언제나 그랬듯이 두 팔 벌려 큰 기지개 펴며 하품 한가득

눈 비비며 창밖을 내다보니

바람 사이로 흐르는 뭉게구름 두둥실 두리둥실

너무 진하지 않은 모닝커피 한잔 진한 갈색 탁자 위에 모락모락

Ticktock Ticktock Ticktock Ticktock

흐르는 시계 초침 주파수에 화음和音 맞춰

오르락내리락 이어지는 푸시업push-up, 등골을 타고 흐르는 땀 한 줄기

물 한 모금 꿀꺽 숨 고르고 스쾃Squat, 온몸으로 느껴지는 기분 좋은 열기 한아름

맑고 밝게 날 부르는 그댈 그리는 아침을 여는 소리

Good Morning My Darling, Good Morning 나의 자기.

🏳 쉰셋

❥ 쉬었다 가세

여보게 우리 쉬었다 가세

앙상한 가지 위에 부는 한 줄기 바람처럼

두둥실 두리둥실 서쪽 노을 떠도는 한 조각 구름처럼

은빛 윤슬 흘러 흘러 바다로 향하는 저 강물처럼

둘 곳 몰라 정처 없는 그 마음 잠시 내려놓고 쉬었다 가세

만남과 이별의 순간들이 다 찰나(刹那)이고 가야 할 길 정해져 있지 않소

무엇이 그리도 그리도 급해 서둘러 가려 하오

한 줄기 바람 잦아들 걸랑 그때 떠나가 보세

구름 한 조각 한 줄기 비 되어 내리걸랑 그때 떠나가 보세

저 강물 바다에 이르거들랑 그때 떠나가 보세

여보게들 무거운 봇짐일랑 다 내려놓고 잠시 쉬었다 가세

근심 걱정 한 보따리 훌훌 털어 내려놓고 쉬었다 가세

쉬었다 가세, 쉬었다 가세, 쉬었다 가세, 쉬었다 가세.

⚑ 쉰넷

↪ 제발 상처 주지 마세요

말에는 씨앗이 자라고 있어요

말에 꽃씨를 뿌리지 않으면 잡초가 자라 나듯이

사랑을 머금은 아름다운 말에는 사랑의 씨앗이 자라나지요

배시시 미소 짓는 웃음 속엔 미소微笑라는 씨앗이 자라나지요

기쁨을 소중히 여기는 마음 속에선 기쁨의 씨앗이 자라나지요

사랑을 품고 있는 심장 속엔 사랑의 씨앗이 자라나지요

꿈을 품고 사는 가슴속에선 희망希望의 씨앗이 자라나지요

분노忿怒하는 마음 속에선 분노의 씨앗이 자라나지요

슬퍼하는 슬퍼하는 마음 속에선 슬픔의 씨앗이 자라나지요

미워하는 미워하는 마음 속에선 미움의 씨앗이 자라나지요

욕심慾心 가득 차 있는 마음 속에선 욕망慾望의 씨앗이 자라나지요

무심코 내던진 상처(傷處)의 말에는 상처라는 씨앗이 자라나지요

독이 든 말보다 더 치명(致命)적인 침묵(沈默) 속에는 침묵의 씨앗이
자라나지요

분노의 씨앗, 슬픔의 씨앗, 미움의 씨앗, 욕망의 씨앗, 상처의 씨앗
침묵의 씨앗은 키우지 말아요

제발 상처 주지 마세요

제발 침묵하지 마세요

예쁘게 아름답게 일궈 낸 마음의 텃밭에 상처와 침묵의 씨앗은 키우지 말아요 예쁘고 아름다운 마음 씨앗 일구며 살아가요 우리.

🏁 쉰다섯

◆ 우리가 기억해야 하는 것들

1919년 기미년 3월 1일 정오.

자유를 위한 처절한 몸부림 애절한 절규_絶叫_

탑골 공원에 메아리치는 독립 선언문

"우리는 오늘 조선이 독립한 나라이며, 조선인이
이 나라의 주인임을 선언한다"

거룩하고 존엄한 태극 형상의 펄럭이는 태극기 물결

대한민국의 탄생을 온 천하에 고하는 터져라 밀물 같은 대한 독립 만세

제국에서 민족의 품으로 만 백성에서 대한민국의 시민임을

서대문 형무소 비 한 방울 내리지 않는 사막 같은 그곳

"주황빛 벽돌담은 화로 속처럼 달고 방 속에는 똥통이 끓습니다. 밤이면 가뜩이나 다리도 뻗어보지 못하는데 빈대, 벼룩이 다투어 가며 진물을 살살 뜯습니다"

청년 심훈, 옥중서 눈물로 써내려간 "어머님께 올리는 글월"

열여섯 여리디여린 어여쁜 소녀 유관순 너의 넋, 숨져 간 그때 그 자리

수인번호 264번, 열일곱 수감 끝 고결하고 성결聖潔한 너의 넋, 이육사

아름다운 금수강산錦繡江山 대한민국의 터전 위에 얼룩진 피, 땀, 눈물

밤하늘 찬란히 빛나는 별들, 별 하나 별 둘 별 셋

영원히 꺼지지 않을 거룩하고 숭고한 너의 영靈과 혼魂

"역사를 잊은 민족에게 미래는 없다"

긴긴 여운 되어 어찔어찔 귓가에 맴돈다.

🏳 쉰여섯

◈ 진지전陣地戰

조용히 소리 없이 벌겋게 불타오른다

혼란과 혼돈의 소용돌이

페이크Fake 뉴스 속 프레임Frame에 걸려드는 수많은 물고기들

입틀막이 모자라 칼틀막이 춤을 춘다

진실이 가짜에 매몰埋沒되어 숨조차 쉬지 못하고 질식窒息해 버리고야 마는 조용한 혁명革命

모두 다 집어삼키어 벙어리로 만들어 버린 진지전陣地戰

자유와 평화가 마비되어 움직일 수가 없네

마약처럼 몸속 폐부 깊숙이 스며들어 죽음의 씨앗으로 퍼져 나가네

더 이상 눈이 보이지 않네

더 이상 귀가 들리지 않네
더 이상 말을 할 수가 없네

더 이상 숨조차 쉴 수가 없네

분연奮然히 깨어나 박차고 일어나 목청껏 외쳐라

종교여! 언론이여! 국민들이여!

쉰여섯

진지전陣地戰

🏳 쉰일곱

⤵ 자기 용서

열심히 살아왔는데 더 열심히 살라 채찍질하네

잠시 쉬어가라 하여 쉬는데 두려움이 엄습해오네

오늘 난 왠지 잘 살아준 내게 참 고맙다 말하고 싶네

오늘 문득 난 내게 잘못해 준 내게 미만하다 말하고 싶네

내일도 열심히 살아 줄 내게 사랑한다 말하고 싶네

고독해 보이는 내게 한없이 긍휼(矜恤)해 주고 싶어지네

실수한 내게 끝없이 관대해지고 싶네

난 벌써 모든 것을 용서했다고 말하고 싶네

난 벌써 모든 것을 잊어버렸다고 말하고 싶네

정말 정말 행복해야 된다고 나는 나를 꼭 안아 보듬어 주고 싶네.

🚩 쉰여덟

∞ 이성과 감성 사이

슬픔은 슬픔밖에 모르나 봐요

기쁨은 기쁨밖에 모르나 봐요

그래서 기쁨 슬픔은 서로가 바라볼 수 없는 건가요

미움은 미움밖에 모르나 봐요

사랑은 사랑밖에 모르나 봐요

그래서 미움 사랑은 서로가 사랑할 수 없는 건가요

슬픔은 기쁨을 바라보고 싶은데

미움은 사랑을 사랑하고 싶은데

슬픔은 슬픔밖에 모르나 봐요

기쁨은 기쁨밖에 모르나 봐요

이 둘은 진정 바라볼 수 없는 건가요
이 둘은 정녕 사랑할 수 없는 건가요

둘은 서로 바라보고 싶은데

둘은 서로 사랑하고 있는데

둘은 서로 바라보자 말하고 있는데

둘은 서로 사랑하자 말하고 있는데

둘은 진정 서로 바라볼 수 없는 건가요

둘은 정녕 서로 사랑할 수 없는 건가요

둘은 서로 끝없는 미로 속을 헤매며 오늘 또 그렇게 걷고 또 걷고 있네요

서로가 영영永永 만날 수가 없는 평행선을 끝없이 걷고만 있네요 한없이 내달리고 있네요.

🚩 쉰아홉

•◦ Daughter

나의 사랑하는 자여 너의 이름은 Daughter

너의 자태姿態는 어여쁘고 화창和暢하여라

사랑하는 자는 어여쁘니 Daughter 너 또한 사랑이어라

사랑하는 자는 화창하니 Daughter 너 또한 화창하여라

화창함은 우리의 기쁨이자 즐거움이어라

Daughter, 너는 마치 술람미의 여자 솔로몬의 여인을 연상케 한다

푸르름으로 맺어진 결실의 열매, Daughter

우리의 울 안에서 영원무궁永遠無窮 숨 쉬는 생명이요 소망이자 기쁨이요 안식安息이어라.

Daughter

⚑ 예순

❥ 심장이 나댄다

동녘 하늘 수평선 위 드솟는 태양을 보면

지평선 아래 고이 잠드는 벌건 저녁노을을 보면

엄동설한 동장군冬將軍을 이겨낸 우렁우렁 움트는 새筍을 보면

쏴 밀려와 철써덕 철써덕 하얀 이 드러내는 파도를 보면

만추 휭휭 일으키는 바람 따라 훨훨 떠도니는 낙엽을 보면

소담스레 내린 첫눈에 잠긴 광활한 저 멀리 들판을 보면

우주 속 첫 번째로 이쁜 그대를 보면

심장이 뛴다, 심장이 나댄다

심장이 막 뛴다, 심장이 마구 나댄다.

예순

심장이 나댄다

🚩 예순하나

⇾ 레거시 legacy

과거에서 현재를 현재에서 미래를 이어주는 징검다리

과거의 지혜에서 현재의 경험을 현재의 경험에서 미래의 의문을 해결해 줄 해결사解決士

광음의 흐름 속에서도 빛을 밝혀 줄 영원히 퇴색되지 않을 레거시

나의 아버지 어머니

아버지 어머니의 아버지 어머니

아들과 딸

아들과 딸의 아들과 딸

그렇게 이어지는 거부할 수 없는 인연과 필연

길고 기나긴 어둠 뚫고서 기어코 빛을 발하고야 마는 레거시

영원히 빛을 밝히며 꺼지지 않을 과거 현재 미래의 삶 속 찬란하게 비출 등불이 되어라.

예순하나

레 거 시

⚑ 예순둘

❖ 방랑자放浪者

나는야 마음 따라 사는 방랑자

따라 사는 마음이 길을 트고 새로운 또 다른 길을 안내한다

나는야 봄을 알리는 방랑자

향기를 품고 다니니까

나는야 여름을 쫓는 방랑자

이글거리는 뙤약볕 아래 출렁이는 파도와 함께 춤을 추니까

나는야 가을을 타는 방랑자

고목枯木 나뭇가지 매달린 마지막 한 잎새처럼 한 줄기 바람처럼 왔다가 소리 없이 사라지니까

나는야 겨울을 달리는 방랑자

온 세상을 하얀 물감을 풀어 놓은 듯 하얗게 물들이니까

나는야 나날들 새로움 치장治粧하고 정처 없이 떠도는 방랑자.

🚩 예순셋

❖ 걸림돌과 디딤돌

게으른 습관은 내 인생의 걸림돌

마소의 목에 걸린 멍에, 자유의 구속 족쇄足鎖, 걸림돌

지루한 장마에 타들어 가는 산골 시골 농부의 초조함, 걸림돌

반재벌 정서가 빚어낸 풀리지 않는 실타래, 걸림돌

도발적인 태도가 불러온 애정 전선의 이상 신호, 걸림돌

지체 장애인이 마주하는 둔덕투성이, 걸림돌

비 오는 날의 수채화, 부채 장수에겐 걸림돌

햇볕 쨍한 한더위 여름날, 우산 장수에겐 걸림돌

여배우의 깜찍발랄潑剌 모습, 요염妖艶한 여인으로의 변신엔 걸림돌

고즈넉한 풍경에 절로 시구절을 읊조리게 만드는 만추, 겨울 촬영을 앞둔 영화 감독에겐 걸림돌

삶의 참다운 스승, 성공을 부르는 디딤돌

개울의 얕은 곳을 따라 덩그렇게 바닥을 드러낸 여기저기 산만散漫하게
굴러 버린 징검다리 위 돌덩이, 디딤돌

현진건의 운수 좋은 날, 근대 단편 소설의 확립과 심훈의 장편 소설
상록수를 매개媒介하는 중요한
디딤돌

저소득 수요자에게 생명수 같
은 은행 대출, 디딤돌

세상살이 모두가 똑같은 살림
살이 아니듯 돌도 다 같은 돌이
아니라오.

🏴 예순넷

❥ 글과 그림

마음으로 느껴야만 비로소 피어나는 글과 그림

글은 입으로 읽는 것이 아닌 눈으로 보는 것이라오

그림은 눈으로 보는 것이 아닌 입으로 읽는 것이라오

행간行間을 밟아 함께 호흡을 달래야 느껴지는 글

막막함을 걷어내야 비로소 보이지 않고 느껴지는 점, 선, 면 그리고 그림

글과 그림은 눈으로 보고 입으로 읽는 것이 아닌 그냥 그렇게 마음으로 느끼고 느껴지는 것이라오.

글과 그림

🚩 예순다섯

❥ 말밥 당근

말밥 당근 나는 네가 참 좋아

너의 몸을 감싸고 있는 빛깔 컬러 팔레트 주홍빛이 나의 시선을 끌기에 충분해

너의 몸에서 은은하게 풍겨나는 흙냄새 품은 향내음이 그윽해 좋아

여리디여린 가느다란 너의 잎은 '나 당근이야'라고 외치는 듯해

너의 쓴 듯 달콤한 맛은 너를 사랑하기에 부족함이 없지

개들이 오가며 말을 트고 입술에 묻는 카레 한 접시면 세상사 다툼은 싱겁게 끝나버려

물어보면 잔소리인 뻔한 소리로 치부되는 말밥 당근

그래서 세상은 너로 인해 안온하게 흘러가지

학창 시절 책가방 둘러메고 등하굣길 말벗이 되어주곤 했던 말밥 당근, 너

아침이면 여지없이 생각나는 너 말밥 당근이지.

예순다섯 말밥 당근

🏳 예순여섯

⇨ 착해와 바름 사이

착해와 바름 사이엔 종이 한 장 벽이 있네요

착해가 바름에 정 주려 기를 쓰지만 종이 한 장 벽은 허락지 않네요

바름은 착해를 사랑하려 하지만 종이 한 장 벽은 그 벽 허물 줄 모르네요

이대로 우리는 바라만 보아야 하는 건가요

이대로 우리는 눈으로만 말해야 하는 건가요

정 주고 싶을 때 사랑하고 싶을 때 자꾸만 가슴이 먼저 하는 말
좋아해요 사랑해요

보고 싶을 때 못 보고 마는 그런 사랑은 가슴 아프잖아요

무시로 내 가슴속을 이토록 흔들어 놓고

광음이 지나고 나면 그 정 사라질까요 그 사랑 잊힐까요

우리 사이 종이 한 장 벽 영영 영원히 허물수는 없는 그런 건가요.

착해와 바름 사이

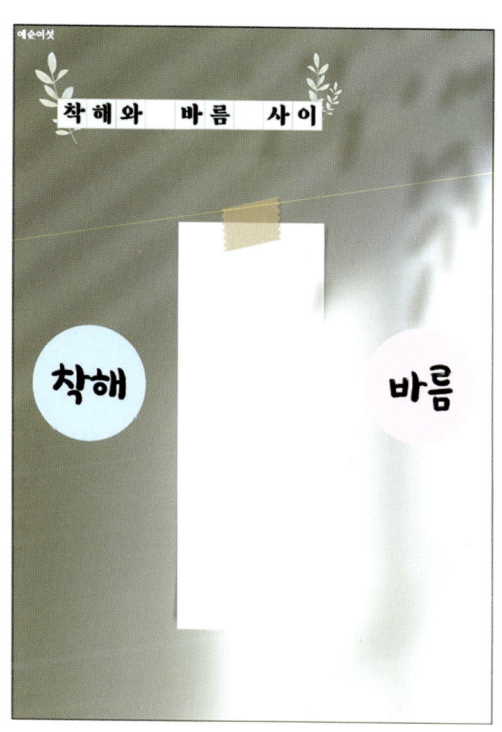

착해   바름

🏳 예순일곱

❖ 사랑하면 찾아오는 것들

관심, 그대 왠지 모른척해도 '좋아해'라고 말하고 있는 게 보이니까

믿음, 그대 알 수 없이 애끓는 마음이 내 귀엔 들리니까

설렘, 끝내 겨울을 이겨내고 꽃망울 터뜨리고 피어나는 봄꽃 같으니까

선물, 내 소중한 모든 것을 그대에게 줄 수 있는 거니까

행복, 오직 그대만을 위한 끝없는 사랑으로 머물게 하는 힘이니까

슬픔과 아픔을 견뎌내야만 아름답게 피어나는 사랑

누군가를 만나서 또 그렇게 사랑을 하게 되고

또 그렇게 사랑을 한다는 일, 참 커다란 축복祝福인 거 같아.

예순일곱

사랑하면 찾아오는 것들

"관심" "믿음"
"설렘" "선물"
"행복"

🏳 예순여덟

❧ 초사병初四病

오늘 왠지 우울해져요 슬퍼져요 눈물이 나요

내 맘 다 안다고 말하지 마세요

내 기분 다 알 거라 착각도 하지 마세요

제발 그렇게 말하지 말아요

제발 방문 열 때 노크Knock 좀 해 주세요

나를 사랑하기는 하는 건가요

내가 지금 무슨 생각에 빠져 있는지 당신은 아시나요

호르몬Hormone이 차올라 고개 들어 자꾸만 화가 나요

나도 내가 왜 이러는지 몰라, 도대체 왜 그런지 몰라요

내 기쁨 다 아시는 당신께

내 슬픔 다 아시는 당신께

내 마음 다 아시는 당신께

묻고 또 묻고 싶어져요

얘기를 해 주세요, 제발 얘기를 해 주세요.

🚩 예순아홉

◆ 짓과 일

낯부끄럽고 몰염치沒廉恥한 행위, 짓

떳떳하고 당당하게 부정에 맞서는 정의로운 힘, 일

악마의 요망妖妄하고 간사奸邪한 손짓, 짓

거룩하고 성결한 천사의 음성 들려주네, 일

무모함으로 천 길 불길 속으로 뛰어드는 불나방의 날갯짓, 짓

희망의 아침 햇살 창문을 두드리는, 일

지옥의 문턱을 넘어가는 길, 짓

천국으로 가는 광명의 길, 일

짓과 일은 하늘과 땅, 천지天地 차이.

예순아홉

짓과 일

🏳 일흔

⊷ 시詩

황혼黃昏 노을 뉘엿뉘엿 저물어 가고 가물가물 땅거미 내려앉은

바람이 나뭇잎을 휩쓸고 간 내 텅 빈 삶의 뜨락에서 보듬는 영원히 지지 않을 내 영혼靈魂

, 숨

! 느낌

? 물음

. 점 하나

수많은 질문과 대답 속에 숨 고르고 느끼고 마치는 점 하나, 방점傍點

우주 속 꺼지지 않을 영원한 이곳에서 사랑하는 그대와 다시 부를 그 노래

내 영혼의 성장을 부르는 또 하나의 눈, 극泐 Indite.

해설

윤슬 전대진 시인의 처녀작 『한 땀 한 땀 시詩가 전하는 말』

존재와 본질을 탐구하는 여정

이지선(시인)

　윤슬 전대진 시인의 첫 번째 시집은 흐르는 시간 속에서 존재와 본질을 탐구하는 서정적 여정이 그려진다. 시인의 인생에서 기억으로 존재하는 관계를 통찰하는 시집은, 시간이라는 거대한 흐름 속에서 소멸과 탄생, 사랑과 이별, 그리고 삶의 환희와 고통을 섬세하게 길어 올린다. 그는 자연과 인간, 삶과 죽음, 관계와 고독이라는 주제를 끊임없이 마주하며, 시편마다 따스한 체온과 쓸쓸한 여운을 함께 새겨 넣는다.
　이 시집은 일상의 풍경을 넘어 존재론적 질문에 이르는 깊은 사유의 발자국을 따라가는 길이자, 찰나와 영원을 향한 시인의 진심 어린 응시를 담아낸 서정적 기록이라고 할 수 있다.
　감각적 자연 풍경 속에 내면의 깊이를 비춰내고, 존재의 상처와 시간의 불가역성을 인식하는 태도가 특히 눈에 띈다. 또한 현실 세계를 사실적으로 담아내되, 그 이면의 상징적 의미를 조심스럽게 건져 올리는 그의 언어가 짙은 서정성을 드러낸다. 윤슬 전대진 시인의 시편들은 그렇게 끊임없이 묻고 응시하고 기억하며, 개인적 체험을 넘어 보편적 삶의 진실에 다가서려는 치열한 발걸음을 담아내고 있다.

1. 청춘의 상징

윤슬 전대진 시인의 시 세계에서 '청춘'은 단순한 젊음의 계절을 넘어 존재의 빛나는 순간이자 고통과 환희가 교차하는 시간이다. 「청춘」에서는 풋풋한 사랑과 도전, 그리고 그리움으로 각인된 젊은 날의 뜨거움을 노래한다. 또한 「벌거벗은 삶」은 거추장스러운 욕망과 허위를 벗어버린 채 본질에 다가서려는 순수한 청춘을 그려내며, 「삼매경에 빠지다」는 존재의 깊은 고요 속에서 청춘의 영혼이 어떻게 신비로이 깨어나는지를 보여준다. 「한철」과 「광음 앞에 서 있는 무상」은 청춘이 결국은 시간의 흐름 속에 사라질 수밖에 없는 찰나임을 인식하면서도, 그 찬란했던 한때의 가치를 고귀하게 새긴다.

이처럼 윤슬 전대진 시인의 시에서 청춘은 끊임없이 소멸하지만, 결코 부질없이 사라지지 않는 존재의 불꽃으로, 삶 전체를 환히 비추는 빛으로 자리한다.

또한 윤슬 전대진 시인의 작품은 격렬한 감정과 고요한 사유를 함께 아우르며, 기억의 심층을 파고들고, 찰나와 영원 사이를 오가는 깊은 울림을 독자에게 선사한다.

> 푸르름 청춘 한허리 잘라내어 오롯이 함께했던 푸른 제복
> 가슴속 깊이깊이 고이고이 간직해두었던 푸른 제복
> 지금 이 순간 추억의 책장을 넘기며 한 페이지 살포시 꺼내어 본다
> "학군단에 입단했을 때 내 가슴은 뛰고 있었지
> 훈련복을 지급받을 때 죽었다고 복창했었다
> 특성 훈련 고달 팠어도 님 생각에 참아 냈었고
> 장교 될 날 기다리면서 푸른 꿈을 키워 왔다
> 아 아 대한민국의 육군 소위가 이렇게도 고달픈 것이라서
> 아 아 참고 참아 견디어 열심히 배워 대한민국의 멋진 장교 되리라"
> 입가에 흐르는 귓가에 맴도는 청춘의 메아리 "후보생의 고독"

    대한민국 육군 간성干城 되리라 목이 터져라 다짐하고 맹세했을 내 청춘
    내 청춘이 영원히 꺼지지 않고 살아 숨 쉬며 함께했던 푸른 제복
    조국을 품에 안고 굵은 땀방울과 끓어오르는 피로 얼룩져 있던 푸른 제복
    푸른 제복이 가리키는 길은 설원의 홀로선 대나무같이 늘 강직하고 올곧았다
    푸른 제복이여!
    푸르름 청춘과 함께 영영 영원히 잊히지 않을 내 가슴속 서리서리 깊이깊이 살아 숨 쉬라
    ─ 푸른 제복 너의 의미

「푸른 제복 너의 의미」는 '청춘'이라는 찬란하고도 고통스러운 시간을 '푸른 제복'이라는 강렬한 상징 속에 응축시킨 작품이다.

시인은 개인적 경험을 넘어 하나의 세대 정서, 즉 젊음과 이상, 책임과 헌신의 기억을 보편화하려 한다. 군복을 넘어, 이 시에서 '푸른 제복'은 청춘의 정점이자 동시에 고독과 헌신의 상징이다. '조국을 품에 안고 굵은 땀방울과 끓어오르는 피로 얼룩져 있던 푸른 제복'은, 한 개인이 사회적 역할과 역사적 사명 사이에서 감내해야 했던 존재적 긴장과 자기희생을 내포한다. 또한 '설원의 홀로선 대나무' 비유는 낭만주의적 미학과 동시에 실존적 외로움을 모두 포괄한다.

즉, 시인은 이러한 청춘의 풍경을 단순한 감상에 머무르지 않고, 삶의 무게와 이상을 동시에 짊어진 존재로서의 청춘을 깊이 있게 형상화한다. 그의 언어는 때로는 서정적으로, 때로는 강직하고도 단단하게 삶의 본질을 꿰뚫는다. 찰나와 영원을 넘나드는 그의 시적 시선은, 지나간 청춘을 향한 아련한 그리움을 넘어, 지금 이 순간 살아 숨 쉬는 존재의 존엄을 찬란하게 부각시킨다. 결국 전대진 시인은 개인의 기억을 넘어 모두의 청춘을 노래하는 서정적 대변자가 되었으며, 그의 시편들은 세월 속에서도 사라지지 않는 불꽃처럼 독자의 가슴속에 오래도록 남게 된다.

2. 관계의 온도

윤슬 전대진 시인의 시 세계에서 '관계'는 단순한 만남과 헤어짐을 넘어 인간 존재를 정의하는 근원적 요소로 작동한다.

「어른 아이」, 「아내여」, 「듣고 또 부르고 싶은 그 이름 엄마」, 「Daughter」, 「우리가 기억해야 하는 것들」 등의 시편은 가족과 사랑, 세대와 민족이라는 구체적 인물을 중심으로 관계의 깊이를 탐구한다.

시인은 이별과 아쉬움, 그리움과 감사, 사랑과 헌신 같은 복합적인 감정을 솔직하게 직조해 내며, 관계가 인간에게 얼마나 섬세하고도 절대적인 의미를 지니는지를 절절히 드러낸다. 윤슬 전대진 시인의 시에 등장하는 관계들은 늘 다정하면서도 쓸쓸하며, 결국은 따뜻한 체온과 함께 삶을 지탱하는 빛으로 남는다.

이러한 관계의 서정은 단지 감정적 회상의 도구에 머무르지 않는다. 시에서 관계는 기억의 장소이자 존재의 뿌리, 그리고 미래를 지향하게 하는 정서적 원동력이다.

시인은 관계 속에서 인간이 자신의 정체성을 인식하고, 세상과 연결되는 방식을 발견하도록 유도한다. 다시 말해, 그의 시에서 관계는 '나'라는 존재가 타자와 연결되며 형성되는 과정 그 자체이다.

> 나의 사랑하는 자여 너의 이름은 Daughter
> 너의 자태姿態는 어여쁘고 화창和暢하여라
> 사랑하는 자는 어여쁘니 Daughter 너 또한 사랑이어라
> 사랑하는 자는 화창하니 Daughter 너 또한 화창하여라
> 화창함은 우리의 기쁨이자 즐거움이어라
> Daughter, 너는 마치 술람미의 여자 솔로몬의 여인을 연상케한다
> 푸르름으로 맺어진 결실의 열매, Daughter
> 우리의 울 안에서 영원무궁永遠無窮 숨 쉬는 생명이요 소망이자 기쁨이요 안식安息이어라.

— Daughter

　이처럼 딸이라는 존재를 통해 시인은 세대의 연속성과 사랑의 확장을 노래한다. 생명은 유한하지만, 그 안에 깃든 사랑과 정서적 유산은 대를 이어 전해진다. 전대진 시인은 그러한 세대 간 감정의 흐름을 따뜻하게 포착한다.
　즉 시인은 가족, 사랑, 민족과 같은 다양한 관계를 정형화하거나 관념화하지 않고, 철저히 삶의 현장과 피부에 밀착된 언어로 그려낸다. 그 언어는 절제되어 있으나 절절하고, 담백하지만 깊이 있다. 이는 윤슬 전대진 시인의 시가 지닌 정직한 온기와 공감의 힘이기도 하다.

　3. 시간의 흔적

　전대진 시인의 시 세계는 개인의 내면을 관통해 더 깊은 층위로 확장될 때, 민족의 역사와 시대적 아픔을 품은 정서로 이어진다. 그의 시편 속에는 역사의 상처를 껴안고 기억을 되새기는 시인의 목소리가 담담하면서도 단단하게 흐른다. 단지 개인의 슬픔이나 가족의 이야기를 넘어서, 공동체의 아픔, 시대의 고통, 민족의 서사를 끌어안는 그의 시는 독자에게 기억해야 할 과거의 진실을 은유적으로 전달한다.
　「그날 그 함성 오늘을 깨우다」에서는 5·18 광주 민주화운동의 참혹했던 현실과 피비린내 나는 거리의 기억을 처절한 묘사로 되살리며, 단순한 기록을 넘어 시적 증언으로 승화시킨다.

　　싸늘하고 차디찬 콘크리트 바닥 여기저기 너부러져 있는 하얀 무명천에
　　덮여 이름조차 알 수 없는 주검들

너는 마치 형체조차 찾아보기 힘든 베이고 찔리고 함몰된 누군가의 넋,
영靈과 혼魂

온몸 핏줄이 갈기갈기 짓이기어 터져 피로 검붉게 물들어 퍼져버린
도시의 진동하는 피비린내로 순간 구역질에 몸서리로 벌벌거린다

도청 옥상의 시계탑, 분수대의 함성과 박수 소리, 마이크를 움켜잡고
애국가를 선창하는 카랑카랑한 여성의 목소리, 아리랑 그리고 울려 퍼지는
애국가

너의 두 눈에 너의 두 귀에 너의 심장에 너의 깊숙한 폐부에 깊숙이 새겨진
흔적들

한편의 파노라마처럼 폭풍우같이 휘몰아쳐 밀물 되어 밀려온다

금남로를 누비며 요란한 굉음과 함께 질주하는 장갑차, 날선 대검을 착검한 소
총으로 중무장한 정예 부대 계엄군의 할거割據

화약 냄새가 채 가시지 않은 총탄에 구멍 난 가슴 사이로 쉼 없이
흘러내리는 검붉은 핏물

얼핏 피사의 사탑처럼 쌓여져만 가는 피로 얼룩진 주검들

그 위로 쏟아져 내리는 기름, 금방이라도 숲을 집어삼킬 듯 순식간에
불바다가 되어버린 고결하고 숭고한 너의 육신肉身

계엄군의 소총 개머리판에 짓이겨진 너의 팔과 다리, 가슴 그리고
곱디고운 얼굴

순간 소스라치듯 아픈 기억 속으로 흐르는 님의 침묵沈默!

등골이 오싹해지며 뜨거운 응어리가 두 눈에 일렁이며 양협兩頰을 타고 흘러내린다

따스하고 온화한 봄이어야 할 오월의 광주는 그냥 그렇게 북풍한설北風寒雪 휘몰아치는 매서운 칼바람처럼 살을 에고 시리고 아파했다

고단한 하루가 또 그렇게 저물어 간다

희뿌연 연기처럼 또 하루가 멀어져 간다

그냥 그렇게 광주의 봄은 지나갔다

피, 땀, 눈물로 얼룩진 치열하고 맹렬했던 10일간의 투쟁의 역사, 잊지 못할 순간들, 몸짓들, 기억들!

쓰나미 되어 봇물 터진 성난 파도처럼 밀려온다

광음은 뼈저린 흔적 가슴속 커다란 생채기만 남긴 채 흐르고 흘러 어언 사십오 년 아픔만이 서러워

피, 땀, 눈물 그리고 그날의 절규絶叫 그 함성은 아직 그 자리에……
— 그날 그 함성 오늘을 깨우다

전통적인 서정시가 감정의 정화catharsis를 추구했다면, 시인의 시는 감정의 기억화, 상처의 형상화를 통해 독자에게 정면으로 고통을 체험하게 만든다는 점에서 현대 서정시의 윤리적 확장으로 읽힌다. 시인은 초반부터 "하얀 무명천에 덮인 주검들", "갈기갈기 찢긴 핏줄", "총탄에 구멍 난

가슴", "불바다가 된 육신", "개머리판에 짓이겨진 얼굴" 등 물리적 고통이 육화된 이미지들을 날것으로 드러낸다. 이러한 표현은 마치 카메라의 줌인이 반복되는 듯 세부의 묘사에 집착하며 독자를 시 안으로 끌어들인다.

이는 단지 선정성을 위한 전략이 아니다. 이 시의 주인공들은 모두 이름조차 알 수 없는 타인들이며, 바로 그 익명성 속에서 공동체 전체의 상처와 연대를 불러낸다.

자유를 위한 처절한 몸부림 애절한 절규絶叫
탑골 공원에 메아리치는 독립 선언문
"우리는 오늘 조선이 독립한 나라이며, 조선인이
이 나라의 주인임을 선언한다"
거룩하고 존엄한 태극 형상의 펄럭이는 태극기 물결
대한민국의 탄생을 온 천하에 고하는 터져라 밀물 같은 대한 독립 만세
제국에서 민족의 품으로 만 백성에서 대한민국의 시민임을
서대문 형무소 비 한 방울 내리지 않는 사막 같은 그곳
"주황빛 벽돌담은 화로 속처럼 달고 방 속에는 통통이 끓습니다. 밤이면 가뜩이나 다리도 뻗어보지 못하는데 빈대, 벼룩이 다투어 가며 진물을 살살 뜯습니다"
청년 심훈, 옥중서 눈물로 써내려간 "어머님께 올리는 글월"
열여섯 여리디여린 어여쁜 소녀 유관순 너의 넋, 숨져간 그때 그 자리
수인번호 264번, 열일곱 수감 끝 고결하고 성결聖潔한 너의 넋, 이육사
아름다운 금수강산錦繡江山 대한민국의 터전 위에 얼룩진 피, 땀, 눈물
밤하늘 찬란히 빛나는 별들, 별 하나 별 둘 별 셋
영원히 꺼지지 않을 거룩하고 숭고한 너의 영靈과 혼魂

"역사를 잊은 민족에게 미래는 없다"
긴긴 여운 되어 어찔어찔 귓가에 맴돈다.
　　　　　— 1919년 기미년 3월 1일 정오

이 시는 3·1 운동이라는 역사적 사건을 단순히 서술하지 않는다. 시인은 사건의 외형보다는 그 정서적 파장과 인간적 고통의 잔재를 정면으로 응시한다. 청년 심훈의 고통, 유관순의 희생, 이육사의 숭고한 생애는 단지 인물 서술이 아니라, 시인이 이들을 통해 자신의 정체성, 존재의 뿌리, 정신적 자산을 자각해 나가는 과정이다.

즉, 이는 '민족'이라는 집단적 기억 안에서 자신의 존재를 재확인하는 개인의 고백이자, 자기 성찰의 기록이다.

또한 이러한 시는 참여시의 계보를 분명히 잇는다. 김수영, 신동엽 등 1960~70년대 민중 시의 전통이 흐르고 있다. 하지만 단순한 사회 고발이나 비판을 넘어, 역사적 실재를 시인의 감정으로 '내면화'에 그 특징이 있다. 이는 전형적인 서사적 서정시의 형태이며, 정치적 선언이 아닌 인간적 고백으로서의 역사 시다. 시 말미의 "역사를 잊은 민족에게 미래는 없다"는 단순한 인용을 넘어, 시인의 사명 의식을 그대로 드러낸다. 윤슬은 역사를 박제하거나 미화하지 않는다. 그는 고통과 피, 땀, 눈물로 이루어진 과거를 "현재 속의 살아 있는 진실"로 되살려야 한다고 믿는다. 그런 의미에서 이 시는 독자에게 "감상"을 요구하는 시가 아니라, "함께 기억하고 행동할 것"을 요청하는 윤리적 시다.

「1919년 기미년 3월 1일 정오」는 단지 과거를 돌아보는 시가 아니라, 과거가 현재를 비추고 미래로 가닿을 수 있도록 연결하는 등불 같은 시다.

윤슬 전대진 시인은 이 시를 통해 개인의 존재가 결코 역사와 무관할 수 없음과 그리고 그 기억이야말로 인간 존엄의 실마리임을 노래한다. 이것이 바로 시인이 지닌 진정한 시적 윤리이자 정신의 유산이다.

4. 마치며 _ 존재의 심연에서 시간을 건져 올리는 시

윤슬 전대진 시인의 시 세계는 끊임없는 성찰의 언어로, 흘러가는 시간

속에서 잊히지 않는 것들을 애써 되새기고 소멸의 그림자 너머에 깃든 존재의 진실을 붙들어 내려는 시적 여정의 기록이다. 그의 첫 시집은 단순히 아름다운 언어의 수집이 아닌, 삶을 관통하는 철학적 탐색이자, 우리 시대를 살아가는 이들에게 던지는 내밀한 질문이기도 하다.

그가 다루는 주요한 세 가지 주제인 청춘의 열기, 관계의 온도, 시간의 흔적은 서로 다른 색채를 띠고 있지만, 모두가 결국 '존재'라는 동일한 원천에서 흘러나온다. 청춘이란 뜨거운 불꽃처럼 휘몰아치며 찰나에 스러지는 동시에 그 불꽃이 내면에 남긴 흔적은 삶 전체를 비추는 하나의 등불이 된다. 윤슬 전대진 시인의 청춘은 단순한 회상이 아니라 이상과 고통, 불완전함과 가능성이 맞물린 존재의 격동기로 읽힌다. 「푸른 제복 너의 의미」와 같은 작품은 바로 그런 청춘의 기억이 어떻게 공동체적 소명의식으로 확장되는지를 감각적으로 보여준다.

또한 '관계'라는 주제 아래 펼쳐지는 시편들 「아내여」, 「Daughter」, 「듣고 또 부르고 싶은 그 이름 엄마」 등은 구체적인 이름과 사연을 품은 사람들에 대한 이야기로 구성되지만, 그 너머에는 인간 존재를 성립시키는 타자와의 연결성이 깊이 새겨져 있다. 시인은 가족과의 관계를 단지 정서적 대상화로만 묘사하지 않는다. 그에게 관계는 기억의 저장소이자, 자아의 뿌리이며, 이 세계와의 교감을 가능케 하는 유일한 통로다. 그러한 관계는 애틋하고도 쓸쓸하며, 결국 따뜻한 체온으로 우리 삶을 지탱하는 빛이 된다.

무엇보다 시의 강렬한 특성은 '역사적 시간'과 '집단적 기억'을 개인적 체험의 언어로 끌어오는 시적 태도에 있다. 「그날 그 함성 오늘을 깨우다」, 「우리가 기억해야 하는 것들」, 그리고 「1919년 기미년 3월 1일 정오」와 같은 시들은 특정 사건을 넘어, 시대의 고통과 집단적 상처를 개인의 언어로 품어 안는다. 그의 역사 시는 구호나 교훈이 아니다. 오히려 그것은 내면화된 정서, 기억으로 체화된 진실, 그리고 고통의 서사 위에 존재하는 윤리적 시의 형식이다.

이러한 점에서 전대진 시인의 시는 감각적 자연 풍경을 통해 내면을 비추되, 그 안에는 삶과 죽음, 시작과 끝, 만남과 이별이라는 존재론적 질문이 늘 깃들어 있다. 그의 시에서 자연은 단지 배경이 아니라, 인간의 감정과 기억을 반영하는 거울이자 상징의 매개체다.

또한 시집 전반을 관통하는 서정성은 시인의 깊고 넓은 삶의 체험, 그리고 그것을 관통해 얻은 정직하고 따뜻한 시적 시선에서 비롯된다. 그 시선은 격정적인 고백이 아니라 조용한 응시로, 독자에게 강요하지 않고 조용히 말을 건넨다. 윤슬 전대진 시인의 시는 결코 과장되지 않지만 결코 가볍지 않다. 절제된 언어 속에 응축된 삶의 무게와 감정의 진실은 오히려 더 큰 울림을 남긴다.

결국 윤슬 전대진 시인의 시는, 우리 모두의 삶이 그러하듯이 기억하고, 견디고, 사랑하고, 다시 길을 묻는 과정이다. 그 과정 속에서 시는 빛이 되고, 숨이 되며, 남은 이들을 위한 등불이 된다. 시간은 흐르지만, 시는 남는다. 관계는 변하지만, 언어는 기억한다. 청춘은 사라지지만, 그 흔적은 존재의 본질로 환원된다. 시인은 그런 삶의 잔상을 품은 시인이며, 그의 시편들은 앞으로도 독자의 가슴 한 켠에서 쉼 없이 다시 살아날 '지금'의 언어로 남게 될 것이다.